T0247253

EMOCIONES NUTRITIVAS

CÓMO SENTIRNOS MEJOR Y CRECER EN NUESTRAS CIRCUNSTANCIAS

BERNARDO STAMATEAS

EMOCIONES NUTRITIVAS

CÓMO SENTIRNOS MEJOR Y CRECER EN NUESTRAS CIRCUNSTANCIAS

BERNARDO STAMATEAS

VERGARA

El papel utilizado para la impresión de este libro ha sido fabricado a partir de madera
procedente de bosques y plantaciones gestionadas con los más altos estándares ambientales,
garantizando una explotación de los recursos sostenible con el medio ambiente y beneficiosa para las personas.

Emociones nutritivas
Cómo sentirnos mejor y crecer en nuestras circunstancias

Primera edición en Argentina: noviembre, 2022
Primera edición en México: junio, 2023

D. R. © 2022, Bernardo Stamateas

D. R. © 2022, Penguin Random House Grupo Editorial, S.A.
Humberto I, 555, Buenos Aires

D. R. © 2023, derechos de edición mundiales en lengua castellana:
Penguin Random House Grupo Editorial, S. A. de C. V.
Blvd. Miguel de Cervantes Saavedra núm. 301, 1er piso,
colonia Granada, alcaldía Miguel Hidalgo, C. P. 11520,
Ciudad de México

penguinlibros.com

Penguin Random House Grupo Editorial apoya la protección del *copyright*.
El *copyright* estimula la creatividad, defiende la diversidad en el ámbito de las ideas y el conocimiento,
promueve la libre expresión y favorece una cultura viva. Gracias por comprar una edición autorizada
de este libro y por respetar las leyes del Derecho de Autor y *copyright*. Al hacerlo está respaldando a los autores
y permitiendo que PRHGE continúe publicando libros para todos los lectores.

Queda prohibido bajo las sanciones establecidas por las leyes escanear, reproducir total o parcialmente esta obra
por cualquier medio o procedimiento así como la distribución de ejemplares
mediante alquiler o préstamo público sin previa autorización.
Si necesita fotocopiar o escanear algún fragmento de esta obra diríjase a CemPro
(Centro Mexicano de Protección y Fomento de los Derechos de Autor, https://cempro.com.mx).

ISBN: 978-607-382-903-8

Impreso en México – *Printed in Mexico*

Índice

Introducción

Grandes autores, como la psicóloga e investigadora Barbara Fredrickson, el psicólogo y escritor Martin Seligman, el profesor y psicólogo Ed Diener y muchos otros, han investigado el tema de las emociones y, aunque no existe un consenso unificado acerca de cuáles son las positivas (con respecto a si son emociones o actitudes), de mi parte, siguiendo a los investigadores, he clasificado aquellas emociones, de las muchas que existen, que considero nutritivas.

Por lo general, las emociones positivas nos arrancan una sonrisa y nos predisponen a ser más sociables. Los demás suelen percibirlas como una invitación a acercarse y relacionarse con nosotros de manera relajada. Quien es capaz de responder positivamente a dichos estados emocionales logra una resonancia amorosa elevada.

Martin Seligman y Mihály Csíkszentmihályi[1] (2003) realizaron una clasificación importante. Ellos dividieron las emociones en pasado, presente y futuro. Respecto al futuro, están el optimismo, la esperanza, la fe y la confianza. Las relacionadas con el presente son la alegría, la tranquilidad, el entusiasmo, la euforia, el placer y la más importante: el llamado *flow*, o experiencia óptima, que incluye felicidad, competencia percibida e interés intrínseco por la actividad realizada (Csíkszentmihályi, 1990). Y sobre el pasado, las emociones positivas incluyen la satisfacción, la complacencia, la realización personal, el orgullo y la serenidad. Estos tres aspectos emocionales son distintos y no se hallan necesariamente relacionados (Seligman & Csíkszentmihályi, 2000).[2]

PASADO	SATISFACCIÓN, COMPLACENCIA, REALIZACIÓN PERSONAL, ORGULLO Y SERENIDAD.
PRESENTE	ALEGRÍA, TRANQUILIDAD, ENTUSIASMO, EUFORIA, PLACER, FLOW (FELICIDAD).
FUTURO	ESPERANZA, FE, CONFIANZA, OPTIMISMO.

Los seres humanos somos seres emocionales y nuestras emociones invaden todo nuestro ser, pues siempre buscan ser descargadas y expresadas, ya sea a través

---

1 http://www.scielo.edu.uy/scielo.php?script=sci_arttext&pid=S1688-42212010000100005
2 Artículo: Diversitas v.2 n.2 Bogotá dez. 2006: http://pepsic.bvsalud.org/scielo.php?script=sci_arttext&pid=S1794-99982006000200011

de la palabra, la creación o la acción. Estas son, muchas veces, los anteojos con los que vemos la realidad, pues la percibimos de acuerdo con nuestro estado emocional predominante.

Una emoción consiste en un estado afectivo que surge de modo repentino y dura un breve momento; vendría a ser la reacción personal a una circunstancia vivida. Si estoy contento, interpretaré las distintas situaciones de manera alegre; y, si estoy triste, lo haré de manera melancólica. También pueden actuar como una brújula que atrae recuerdos del mismo tono. Tienen el poder de atraer memorias y de construir interpretaciones de todo lo que nos sucede, además de acelerar o lentificar el tiempo. Cuando uno está ansioso, el tiempo vuela; cuando uno está angustiado o aburrido, parece que el tiempo no pasa más; cuando uno está enamorado, el tiempo es eterno y no hay lugar ni distancia; y así podríamos continuar…

En psicología decimos que "lo que la boca calla, el cuerpo lo expresa". ¿Cuántas emociones guardadas, encapsuladas y reprimidas procuran, por todos los medios, ser liberadas? Estas nacen en nuestro cuerpo y lo recorren por completo. Incluso, algunas se expresan fuertemente en distintos lugares de este; de allí las siguientes expresiones: "tengo un nudo en el estómago", "tengo algo atragantado", etc. Las emociones enriquecen nuestra vida porque, cada vez que termina una, comienza otra. Toda nuestra existencia está atravesada por nuestro campo emocional: nuestros vínculos, nuestros juegos, nuestros proyectos, nuestras frustraciones. Todo está teñido constantemente por nuestros afectos. Hoy se sabe con certeza que razón y emoción dialogan y trabajan "en equipo"; no hay oposición entre ambas, sino comunicación y complementariedad. También que las emociones poseen un ritmo, una duración o una intensidad, que va variando de acuerdo con las experiencias que tenemos.

Los seres humanos nos habituamos rápidamente a las emociones nutritivas. Una actividad que nos produce alegría puede, por la repetición, alcanzar una cumbre y no aumentar. Es decir que una mayor cantidad de la misma actividad no necesariamente traerá un aumento de la emoción nutritiva. De allí, la importancia de variar y de expandir las experiencias que activan dichas emociones.

Uno de los descubrimientos más significativos es que las emociones nutritivas producen un efecto de ampliación del repertorio de los recursos psicológicos humanos. Ya mencionamos que tendemos a acostumbrarnos o habituarnos, lo cual hace que nos adaptemos fácilmente a ciertos placeres y emociones. Entonces, este tono de las emociones nutritivas es cada vez menor si se experimentan de manera frecuente. De allí, la importancia de la variedad de las experiencias. Es decir, un principio importante es que las emociones nutritivas se expanden cuando ampliamos las experiencias, no cuando las reducimos a una o dos actividades de placer.

Las emociones positivas tienen un objetivo fundamental en la evolución, en cuanto amplían los recursos intelectuales, físicos y sociales de los individuos, los convierten en perdurables y acrecientan las reservas a las que es posible recurrir cuando se presentan amenazas u oportunidades (Fredrickson, 2001). Cuando las personas experimentan sentimientos positivos se modifican sus formas de pensamiento y acción (Seligman, 2005), se incrementan sus patrones para actuar en ciertas situaciones mediante la optimización de los propios recursos personales en el nivel físico, psicológico y social (Fredrickson, 2001).[3] También algunos expertos afirman que las emociones nutritivas permiten resolver los problemas de manera creativa, tomar mejores decisiones, etc.

Otra forma de sentir emociones nutritivas es mediante el *savoring*, o saboreo, que consiste en rememorar aquellas situaciones que nos brinden la oportunidad de volver a sentir las mismas emociones. Nuestros recuerdos encierran un gran poder. Todos solemos "saborear" el pasado, al reunirnos con amigos o seres queridos y

---

3 http://www.scielo.org.co/scielo.php?script=sci_arttext&pid=S1794-99982006000200011#:~:text=Sobre%20el%20pasado%2C%20las%20emociones,Seligman%20%26%20Csikszentmihalyi%2C%202000.

recordar vivencias imposibles de olvidar o pequeños placeres que hemos disfrutado en el pasado. Pero, además, es fundamental disfrutar en el presente de actividades sencillas como una caminata, una conversación o un café con alguien cuya compañía nos agrada.

Entonces, las emociones nutritivas no son algo que nos sucede o un producto del azar; es posible cultivarlas mediante distintas actividades que las generen.

Experimentar emociones nutritivas no implica no sentir enojo, miedo, ansiedad o tristeza, dado que todas las emociones pertenecen al ser humano. La diferencia radica en el hecho de que la persona que las ha desarrollado con frecuencia posee un sentido de propósito, un anhelo de crecimiento personal; además, establece vínculos saludables con los demás, pues posee una gran confianza en sí misma que se lo permite. A pesar de las crisis que le toque atravesar a lo largo de su vida, podrá disfrutar de un bienestar integral. Algunas de estas ideas también están desarrolladas en mi libro *Autoboicot*.

Te invito ahora a que puedas identificarte con aquellas emociones que predominan en tu vida o, por el contrario, a que consideres, al leer estas páginas, cuáles deberías experimentar, ya que te aportarán una salud emocional mucho más nutritiva. ¿Comenzamos?

CAPÍTULO 1
El amor nutritivo

El amor tiene muchas definiciones

Siguiendo a los expertos que han investigado las emociones nutritivas, ellos describen el amor como una emoción positiva básica, distinguiéndola de la alegría. A veces se hace difícil separar una emoción pura en sí misma, dado que esta tiene similitudes con otras como es el caso de la alegría y el amor. Hay aspectos que se entrecruzan y las igualan, mientras que otros las distinguen.

Podemos afirmar que el amor es una de las emociones más poderosas que el ser humano experimenta. Pero, en ocasiones, puede ser confundido o usado erróneamente; por ejemplo, algunas personas expresan: "Robé por amor"; o: "Por amor soporté el maltrato de mi pareja; o: "Te celo por amor". Solemos decir que hacemos algo por amor, pero no siempre es el caso, ya que el amor no puede estar asociado a ningún tipo de maltrato ni de dolor; de esta manera, el amor, que incluye alegría, respeto y cuidado, es siempre un dar sin esperar nada a cambio y no está ligado a nada que descalifique y hiera a la persona. Cuando hay un reclamo hacia el otro para que salde nuestro esfuerzo o lo que hicimos por esa persona, el amor pierde su cualidad trascendente que consiste en dar sin esperar nada a cambio.

Las heridas afectivas son uno de los problemas que más afectan a las parejas. Muchos afirman: "El amor es un sentimiento", o "El amor lo cura todo" y, aunque en verdad el amor es mucho más que eso, quien cree que se trata solo de un sentimiento vivirá proyectando en el otro. Lejos de ser solamente un sentimiento, el amor es una emoción que se basa en hechos. Son micromomentos de unión y calidez que compartimos con otro ser vivo.

> *El amor es el significado ultimado de todo lo que nos rodea. No es un simple sentimiento, es la verdad, es la alegría que está en el origen de toda creación.*
> **Rabindranath Tagore**

"El amor no es una más de las muchas emociones positivas que nos embargan de vez en cuando. Es mayor que la alegría, la diversión, la gratitud o la esperanza. Yo lo llamo nuestra emoción suprema. Y, si bien todas las emociones son positivas y tienen beneficios —pues amplían tu mentalidad y aumentan tu ingenio—, los del amor llegan más lejos, tal vez de modo exponencial".[4]

---

4 Fredrickson, Barbara L. (2015). *Amor 2.0.* Editorial Océano.

Amar es dar y darse. Es un vínculo mutuo, un ida y vuelta. Amar es cuidar a un otro, donde cada uno de los integrantes de esa relación se permite amar y ser amado. Como resultado, aquel que ama a alguien lo "cuida cuidadosamente", valga la redundancia. Se preocupa por el bienestar del otro a través de actos de servicio, palabras amables, caricias físicas, tiempo de calidad y regalos. Estos últimos son los lenguajes del amor como los presentó Gary Chapman en su libro *Los cinco lenguajes del amor*. Sostiene que el amor puede expresarse en cinco lenguajes distintos: las palabras, los regalos, los actos de servicio, las caricias físicas y la presencialidad. Cada persona tiene un lenguaje predominante que a veces coincide con el otro y en ocasiones, no. Con su obra, inspiró a muchos a sanar sus vínculos interpersonales.

Ahora bien, cada uno de nosotros tiene un lenguaje de amor diferente para sentirse amado y, por lo general, no es el mismo que tiene el otro. Entonces, si le expreso amor a alguien en mi propio lenguaje, por mucho que lo llene de atención, si nuestros lenguajes no coinciden, esa persona no se sentirá amada. Por ello es fundamental conocer nuestro lenguaje de amor y el de quienes forman nuestro círculo más íntimo. Solo así uno es capaz de hacer sentir al otro amado, validado, respetado, tenido en cuenta, en "su" idioma.

> *Gana todo lo que puedas; ahorra todo lo que puedas; da todo lo que puedas.*
>
> **John Wesley**

Chapman explica que hablar el lenguaje de amor de alguien es como "llenar su tanque emocional".

Amar también es dar sin esperar nada a cambio. Por ejemplo, si yo te invito a cenar y después espero que tú hagas lo mismo, esa actitud significa "te doy y me das", pero no es amor.

Si yo ayudo a alguien y me enojo porque no me dio ni las gracias, eso no fue amor, porque estaba esperando su agradecimiento. "Dejé todo, hasta mi profesión, para cuidarte a ti", les dicen algunos padres a sus hijos; sin embargo, al haber un reclamo, ese acto de postergación deja de ser un acto de amor. Cuando nuestra mirada hacia el amor se transforma, logramos valorarlo mucho más. Y, por lo general, decidimos darle un lugar especial en nuestras vidas. Cuando se ama nutritivamente, se da por el placer de dar y se es feliz simplemente al hacer eso.

Podríamos decir entonces que el amor tiene multiplicidad de definiciones, de acciones, de emociones. Es correcto decir que *amar es dar y darse*, que es un vínculo mutuo de ida y vuelta, que es cuidar al otro, etc.

Parece amor, pero no lo es

Muchas personas creen que ciertos comportamientos o ciertas actitudes son sinónimos de amor, pero en realidad no lo son. Veamos algunas variables:

a. Los celos no son amor

Celar es considerar al otro una posesión y, por ende, cosificarlo. Quien sufre de celos está expresando lo siguiente: "Tú me perteneces y tengo miedo de perderte o de que me abandones". Los celos no son amor, sino control y manipulación.

b. El enamoramiento no es amor

Todos, alguna vez, experimentamos el hecho de enamorarnos de alguien. Se lo contamos a todo el mundo y creemos que eso es amor; sin embargo, enamoramiento no es amor, sino idealización. Cuando uno se enamora, exagera las virtudes y minimiza los defectos del otro. Cree que esa persona es especial, única, maravillosa. Entonces, debemos tener en cuenta que el enamoramiento es ciego, mientras que el amor ve. ¿Qué ve el amor? ¡Todo lo que el enamoramiento no percibió! Este último es un estado psicobiológico que surge de repente. Nadie dice: "Me voy a enamorar pasado mañana". Ahora bien, cuando se termina el enamoramiento y nace el amor, aparece la negociación.

c. El deseo del cuerpo no es amor

Una persona que solamente exhibe su cuerpo y esconde su verdadera personalidad está buscando ser mirada, deseada, anhelada. En ocasiones, es uno mismo el que se cosifica. ¿Qué significa esto? Que adopta la posición de un objeto: se descuida, no se valora o sencillamente considera su cuerpo como un objeto a mostrar sin ningún tipo de valoración.

Entonces, ¿en qué consiste el amor?

Con o sin la compañía de otra persona, aislados o rodeados por una multitud, el amor es el alimento que nutre todo nuestro ser, incluidas nuestras células. Todos deseamos experimentar un vínculo real y positivo con otras personas. El ser humano necesita amar y ser amado y todos somos merecedores de ese amor. El amor es una actitud que nos alcanza, nos envuelve, nos consuela, nos edifica; por eso, recibirlo siempre es terapéutico. Sin embargo, hay amores que nos enferman, amores tóxicos, razón por la cual necesitamos saber de qué se trata el amor nutritivo. El verdadero amor no consiste en regalar un osito de peluche, dedicar una canción o cambiar la situación sentimental en el muro de Facebook (aunque no está mal hacer un presente como acto de amor). El amor puede apagarse, dejar de existir,

El amor es la alegría de los buenos, la reflexión de los sabios, el asombro de los incrédulos.
Platón

disminuir, pero también puede aumentar. El amor nutritivo valora, respeta, sirve a los demás y es capaz de sobreponerse a la diversidad de circunstancias desfavorables que muchas veces debemos enfrentar. Hacer algo por amor implica poner empeño, invertir, esforzarnos, y todo sin esperar nada a cambio.

Todos podemos amar y ser amados, pero recordemos que no es un sentimiento, sino una actitud recíproca que nos convierte en uno y nos conduce a cuidarnos y respetarnos mutuamente. Los seres humanos somos seres amorosos, por eso el amor siempre resulta sanador.

El amor es hacia mí y hacia otros siempre

El amor verdadero tiene dos caras: amar al otro como a uno mismo. Necesitamos amar al otro de la misma manera que nos amamos a nosotros mismos: no amarlo más ni amarlo menos, no amar al otro en lugar de amarnos nutritivamente. Si solamente amamos al otro, eso no es amor. Y si solamente nos amamos a nosotros mismos, tampoco podemos llamar a dicha actitud amor. El amor verdadero incluye dos protagonistas: el otro y yo.

Aquel que ama al otro, pero no se ama a sí mismo, se convierte en una persona "afectivamente anémica", pues se desgasta y se llena de resentimiento. Aquel que siempre está pensando en el otro estaría demostrando

> **Amarse a sí mismo es el comienzo de una aventura que dura toda la vida.**
> **Oscar Wilde**

un exceso de empatía. Por ejemplo, a nuestros hijos debemos enseñarles a compartir sus juguetes y a desarrollar habilidades sociales para estar con otros pares, divertirse, jugar, etc.; sin embargo, pedir y exigir esto en los primeros años de vida —cuando son demasiado pequeños— hará que los niños no alcancen a comprender este pedido. Debemos evitar los extremos. Si siempre el foco es el otro, y nada en mí, esto nos llevará a un exceso de empatía. Y si solo el foco soy yo y el otro no existe, se tratará de un exceso de egoísmo. Aprendemos a cuidarnos y a disfrutar para luego también aprender a compartir. Entonces, podríamos decir que el verdadero amor siempre es bidireccional: *me amo para poder amarte, me amo a mí y me cuido y te amo a ti.*

¿Qué significa amar a otro?

¿Sabías que la salud de nuestro cuerpo mejora cuando recibe la nutrición de todo lo positivo que compartimos con los demás? Como consecuencia, la sociedad humana toda se transforma en un ambiente más equilibrado y amoroso. Amar a otro significa:

• Tener *empatía*. Es una capacidad que necesitamos desarrollar en nuestra vida. Se trata de pensar cómo me sentiría yo en el lugar del otro. Ser empático es "ponerse en los zapatos de alguien". Cuando amamos de verdad, pensamos cómo nos sentiríamos si nos hicieran lo que nosotros vamos a hacer.

• Tener *bondad*. Es hacerle la vida fácil a alguien. No se trata de ser menos, como muchos piensan, sino de facilitar las cosas a los demás. El altruismo es lo mismo que la bondad y consiste en renunciar a algo para dárselo a otro, no porque el otro nos dará algo a cambio, sino porque uno decide entregar eso.

¿Qué significa amarnos a nosotros mismos?

Amarse uno mismo implica deseo y disfrute. Desear es tener ganas de algo. Accionar para conseguirlo y luego, disfrutarlo. Muchas personas tienen lo que desean, pero no la capacidad para alegrarse con su logro. La vida no empieza amando al otro, sino amándote a ti mismo, respetándote y cuidándote de manera nutritiva. Por eso, presta atención a tus deseos. No postergues todo aquello que anhelas alcanzar. Aprende a disfrutar de todo, sin culpa. Así, y solo así, podrás amar de verdad y tener relaciones interpersonales saludables.

> *La paradoja del amor es ser uno mismo, sin dejar de ser dos.*
> **Erich Fromm**

> *La buena vida está inspirada por el amor y guiada por el conocimiento.*
> **Bertrand Russell**

Amar al prójimo como a uno mismo genera un balance. Cada vez que hagas algo por alguien, hazlo también por ti; y cada vez que te des algo a ti mismo, proyecta dárselo a alguien más.

En mi vida hay para el otro cuando empiezo por mí.

La vida no empieza amando al otro, sino amándote a ti mismo y diciendo: "Lo deseo". Solo cuando te cuides, podrás ayudar a los demás. Hay tiempos que son solo tuyos, hay cosas que debes regalarte tú mismo. Ámate, cuídate y respétate porque, solo cuando lo hagas contigo mismo, podrás hacerlo con los demás.

Quien se ama, ama. Quien no se ama, no ama.

El amor como experiencia trascendente

Cuando estudiamos las biografías de los místicos o de los creyentes que experimentaron la fusión con lo divino, vemos que ellos lo describen como una experiencia inigualable e inefable, muchas veces dificultosa de entender para quien no la ha tenido, pero sencilla para quien sí la ha experimentado. Ellos nos dicen que este amor no se asemeja en nada al amor humano; definición distinta de las que encontramos de algunos estudiosos y filósofos.

Nietzsche dijo: "Amor es el sentimiento de la propiedad o de aquello que nosotros queremos convertir en propiedad nuestra".

Según Platón, el amor consiste en que la persona que ama no va a amar la belleza simple; se va a concentrar en buscar lo bello de quien ama. El "amor platónico", por el contrario, se queda en lo físicamente bello, idealiza y cree que el amor es inalcanzable.[5]

Sócrates definió el amor en *El Banquete* como el deseo de engendrar belleza.[6]

Para Erich Fromm el amor es un poder activo que atraviesa las barreras que separan al humano y lo une a los demás; el amor lo capacita para superar su sentido de aislamiento.

El doctor Rafael Bisquerra, en su libro *Universo de emociones*, dice que el amor es considerado la emoción más compleja que existe.[7]

Pero Pablo de Tarso nos brindó la definición más clara del amor:

---

5   https://www.unisabana.edu.co/portaldenoticias/al-dia/noticias-al-dia/detalle-noticias-al-dia/noticia/existe-realmente-el-amor-platonico-2/#:~:text=Seg%C3%BAn%20Plat%C3%B3n%2C%20el%20amor%20consiste,que%20el%20amor%20es%20inalcanzable.

6 https://www.google.com/search?sxsrf=ALiCzsb_hQpBnnWtOzDaqqIbJ3YzmYwAlA:1651608816879&q=Fil%C3%B3sofos+que+hablen+del+amor&sa=X&ved=2ahUKEwiL5NmmksT3AhXJFrkGHatqAyIQ1QJ6BAg5EAE&biw=2133&bih=977&dpr=0.9

7 https://www.aulafacil.com/cursos/psicologia/inteligencia-emocional-ii-las-emociones/el-amor-l34975.

El amor es sufrido, es benigno; el amor no tiene envidia, el amor no es jactancioso, no se envanece; no hace nada indebido, no busca lo suyo, no se irrita, no guarda rencor; no se goza de la injusticia, mas se goza de la verdad. Todo lo sufre, todo lo cree, todo lo espera, todo lo soporta. El amor nunca deja de ser [...].[8]

¿A qué se estaba refiriendo Pablo de Tarso? Al amor divino: el amor más nutritivo que podamos recibir. No tiene nada que ver con el amor humano. A veces, pensamos que el amor de Dios es como el amor humano mejorado; es decir, creemos que Dios nos ama un poco más de lo que nosotros somos capaces de amar, pero el amor divino no se asemeja en nada al amor humano. Teresa de Ávila, Ignacio de Loyola, Madame Guyon sostienen que el amor humano es como una botellita de agua, mientras que el amor de Dios es como un océano. Esta es otra dimensión de la experiencia del amor, del amor que trasciende los límites de la mente, del amor que es una inundación de lo máximo sobre el ser humano. Es verdad que, en la botellita cabe agua, pero no un océano. Es verdad que el agua de la botella es de la misma naturaleza que la del océano, pero es solo una muestra. Podemos decir que el amor humano implica cuidar, escuchar, respetar, esforzarse por el otro, abrazar, ayudar; pero el amor de Dios es todo eso y más,

---

8 La Biblia. 1 Corintios 13:4-8 (RVR1960).

multiplicado hasta el infinito. Al amor divino no lo podemos analizar, es un amor sin fin; al amor de Dios solamente lo podemos experimentar.

A lo largo de estos años, me he encontrado con muchas personas que han expresado esta experiencia del amor trascendente, cuya vivencia es distinta de la del amor humano. Y ellos expresan lo siguiente:

- El amor humano nos llena y nos vacía. Amamos y somos amados por alguien, el amor nos llena, pero siempre hay una parte que queda vacía. El amor humano nunca nos llena por completo.
- El amor humano es variable: hoy te quiero, mañana no; hoy me caso, mañana me separo y le inicio un juicio a la otra parte.
- El amor humano es gradual. Decimos: "Te quiero mucho porque me haces feliz". Eso equivale a decir: "Cuando ya no me hagas feliz, no te quiero más". "Sin tu amor no vivo" implica: "Te quiero para no morirme, porque me ayudas, porque trabajas, porque me tratas bien, porque eres cariñoso, porque me respetas, porque, porque, porque…". Las parejas, por ejemplo, se aman en el amor humano.
- El amor humano siempre es YO + TÚ. El amor de Dios, en cambio, es inexplicable, inigualable, inagotable e infinito; no hay manera de comprenderlo con la mente.

¿Te preguntaste por qué en estos tiempos hay tantas personas con baja estima? ¿Por qué se generan tantos problemas interpersonales? Muchas personas que experimentaron baja estima, problemas interpersonales y la variabilidad del amor, al encontrar la experiencia con lo divino, cuentan que fue algo inefable, indescriptible, ilimitado, inconmensurable, que no tiene anchura, ni altura, ni profundidad. Es un amor experiencial, trascendente, cuya experiencia llena el todo de la persona a diferencia de lo religioso que está ligado a la doctrina, al dogma, a la enseñanza, etc. Nuestro amor humano es variable, gradual y dependiente de las circunstancias. Pero el amor divino es, no tiene lógica y excede todo conocimiento. No importa lo que hagas, Dios no te va a amar más ni te va a amar menos. Dios no te amó cuando naciste, te amó antes de nacer porque te amó desde antes de la fundación del mundo, cuando estabas en Él. Desde entonces, Él ya te amó con amor eterno y Su amor no ha cambiado. Su amor no es gradual. Su amor no cambia por las circunstancias ni por nuestro comportamiento. Su amor es para siempre y nunca deja de ser.

Para finalizar este capítulo podemos sintetizar la expresión del amor en palabras de la psicóloga e investigadora Barbara Fredrickson:

El amor es en esencia un sentimiento, con componentes tanto físicos como mentales. En lo físico, todo tu cuerpo se relaja, y el pecho se te abre y acalora, como si tu corazón se extendiera para dar cabida o abrazar a otro ser. Sentir esto es lo que te hacer querer acercarte, escuchar

> **Ama y haz lo que quieras. Si callas, callarás con amor; si gritas, gritarás con amor; si corriges, corregirás con amor; si perdonas, perdonarás con amor.**
>
> **San Agustín**

y observar con atención. En lo mental, experimentas el vivo deseo que a los demás les vaya bien. Les deseas bien con toda sinceridad. Igualmente, quieres mostrar cuánto te importan, exhibir cariño e interés.[9]

Algunas preguntas...

a. *Siento que, con el paso del tiempo, el amor que sentía hacia mi pareja fue cambiando. ¿Esto significa que se ama menos?*

Todos nosotros tenemos un mapa afectivo. Este incluye lo que pensamos de los temas de la vida y va mutando. No es lo mismo lo que pensamos del amor en la adolescencia que a los cuarenta o a los sesenta años. Por eso es importante actualizar los mapas afectivos propios y los de nuestra pareja. Lo que antes nos gustaba o aceptábamos quizás hoy ya no. Es decir, los matices del amor van cambiando y, del mismo modo, las defi-

---

9 Fredrickson, B. L. (2015). *Amor 2.0*. Editorial Océano.

niciones. El amor puede ser un momento, un rayo de luz circunstancial, pero también puede ser un vínculo. Por otra parte, el amor varía en intensidad. Y no se trata de amar más o menos, sino de que, cuando el amor es sólido, la intensidad aumenta.

b. *Me cuesta pedirle amor a mi pareja, a mis hijos, a mis amigos; y, como no me animo a hacerlo, termino siempre frustrándome.*

Todos necesitamos aprender a pedir amor. Pedir amor no es un acto de mendicidad, sino que comunica la manera en que nos gusta que nos expresen el amor. Un viejo y dañino mito expresa: "Si me ama, sabrá qué es lo que necesito"; pero esto no es así, pues no podemos exigir al otro que sea adivino. Hay personas que tienen el "síndrome de la lámpara de Aladino" y creen que el otro es quien las tiene que hacer felices. ¡Cuántos problemas se resolverían fácilmente si pudiéramos expresar de qué manera nos gusta que nos expresen el amor! En sexualidad hay un ejercicio muy sencillo, pero eficaz, que consiste en pedirles a ambos miembros de la pareja que le digan al otro qué es lo que les gusta y qué es lo que no le gusta a nivel sexual. Muchas personas, después de haber estado diez, veinte o treinta años juntos, se sorprenden al saber que al otro le gusta o no le gusta determinada caricia. Es imprescindible que podamos poner en palabras y expresar el amor. Amar es cuidar cuidadosamente. La expresividad del amor es muy importante para nuestra salud emocional. Sigmund Freud decía que estar sano es amar y trabajar.

c. *¿Por qué siempre parece que elijo amar a personas que me terminan haciendo daño?*

La cultura nos ha transmitido un concepto equivocado sobre el amor. El verdadero amor no se trata de sentir, sino de construir un vínculo que incluye cuidar y dar al otro. Pero esto tiene que comenzar por uno mismo. Si yo no me amo a mí mismo, es muy difícil que pueda amar a otra persona y ser amado por ella, al menos de manera sana. La falta de un amor propio equilibrado suele ser la causa de que muchos, tanto mujeres como varones, entablen relaciones tóxicas que solo les acarrean sufrimiento. Y esto puede ocurrir más de una vez a lo largo de los años. "¡Siempre me toca lo mismo!", es la queja más común.

Las repeticiones que experimentamos en nuestras relaciones interpersonales son señales de conflictos no resueltos a nivel interior. Nuestro psiquismo procura elaborar un hecho traumático repitiéndolo. ¿Cómo salimos de dicha rueda? Haciéndolo consciente y dándole un cierre. Así dejamos de repetir patrones, lo cual no es otra cosa que una forma de elaborar un trauma. Recuerda, para sanar es fundamental aprender a amarte y respetarte equilibradamente; solo así serás libre para "Amar con mayúscula", dándote y cuidándote primero a ti, y luego a quien esté a tu lado que hará lo mismo por sí mismo y por ti.

Entonces, ¿por qué el amor es una emoción nutritiva?

"Amor" ha sido siempre una palabra llamativa: la cantamos, la hablamos y la escribimos, porque recorre todo el desarrollo evolutivo de una persona. Los griegos hablaban de cuatro tipos de amor: (1) el amor *eros*, que es el amor de la pasión; (2) el amor *fileo*, que es el amor de la amistad; (3) el amor *storgé*, que es el amor de las relaciones familiares; y (4) el amor *ágape*, que es el amor que trasciende. Por todas estas diferentes formas, podemos decir que el amor es una emoción nutritiva porque, con el amor, uno se entusiasma, se construye, se define, y hace vivir del mismo modo a la persona amada. El amor es un sentimiento que promueve acciones, es decir, es un sentimiento y una acción, y estos siempre son constructivos.

Capítulo 2
El optimismo nutritivo

Optimismo: enfocarse en la solución, no en el problema

El optimismo es una emoción nutritiva que conduce a una persona a hallar una solución para cualquier situación difícil, e incluso a compartirla con los demás. Aquel que desarrolla esta emoción y la cultiva, y no suele hablar de problemas, sino de soluciones, de salidas. Por ejemplo, en un barco que corre riesgo de hundimiento, jamás gritaría: "¡Nos vamos a hundir!"; por el contrario, exclamaría: "¡Todo el mundo a los botes!". Esta es solo una metáfora que demuestra que un simple cambio de actitud, por duro que nos resulte, puede provocar un cambio enorme.

El optimismo nos permite a los seres humanos descubrir algo bueno en toda situación y en toda persona. Quien acostumbra a ser positivo jamás se enfoca en las debilidades de cosas y sujetos; más bien, intenta siempre conectar con los puntos fuertes de todo y todos. Los reconoce y los habla, lo cual atrae más de lo mismo a su vida. En épocas de crisis, tal como la que el mundo entero ha atravesado recientemente, lo ideal es correr nuestra mirada de los otros para posarla únicamente en el potencial, o "arsenal", riquísimo que todos portamos en nuestro interior y nos habilita, a nosotros mismos y a quienes nos rodean, a atravesar los momentos duros con valentía y esperanza. Decidir adoptar una "actitud optimista" es una de las herramientas más útiles en nuestro poder. Esto resulta más sencillo para algunos que para otros y está relacionado con nuestra forma de ser.

Actuamos como si el lujo y la comodidad fueran lo más importante en la vida, cuando lo único que necesitamos para ser realmente felices es algo por lo cual entusiasmarnos.
Charles Kingsley

Hay gente que es positiva por naturaleza y ese es el estilo de vida que contagia fácilmente a quienes están a su alrededor. Pero todos podemos aprender a aplicar el optimismo para lograr una mejor calidad de vida, suceda lo que suceda afuera. Hoy sabemos que, cuando escogemos ser optimistas, nos enfermamos menos y vivimos más y con mayor felicidad. Diversos estudios realizados dan prueba de que la gente con emociones estables que experimenta buenos sentimientos, tales como la esperanza, la empatía y la voluntad de superación, disfruta de vidas más saludables y satisfactorias.

El optimismo, como emoción nutritiva, también nos permite a cada uno de nosotros creer que nuestras acciones son valiosas. Alguien con sueños por alcanzar jamás se dará por vencido, pase lo que pase, y mantendrá la creencia de que todo lo que lleva a cabo es importante y suma. Incluso algo pequeño. Dicha actitud trascendente nos ayuda a vivir motivados, aun en medio de la adversidad.

Françoise Contreras y Gustavo Esguerra (2006) —profesores e investigadores— explican que el optimismo no es una simple cognición; por el contrario, resaltan que implica todo un proceso mucho más complejo que solo la utilización de frases positivas o imágenes de victoria; tiene su fundamento en cómo conceptualizamos las causas de los eventos y hechos que tienen lugar a nuestro alrededor.[10]

En el otro extremo, quien elige ser pesimista alberga la creencia de que el mundo que lo rodea es malo y nada bueno puede encontrar en este. De modo que lo único que puede hacerse es resignarse a ello. Esta actitud negativa es completamente opuesta a la de la gente optimista, que nutre y trae bienestar a los demás. El optimismo no es algo superficial, sino más bien una ac-

---

10 Rojas Y. Harlen y Marín E. Deilin (2010). "El papel de las emociones positivas en el desarrollo de la Psicología Positiva". *Wímb lu*, revista electrónica de estudiantes, Escuela de Psicología, Universidad de Costa Rica. 5(1): 65-83, 2010.

titud de alegría y esperanza en un mundo donde existen tanto cosas buenas como cosas malas. El optimismo no es sinónimo de superficialidad, sino de inteligencia. Este nos brinda la capacidad de resolver eficazmente nuestras dificultades, en contraste con el pesimismo que lleva a una persona a "ahogarse en un vaso de agua" y a escapar de los problemas. El optimismo nutritivo nos permite superar las crisis que la vida nos presenta a todos, dándoles un sentido a las circunstancias adversas en espera de un mañana mejor.

El optimismo siempre es inteligente

Analicemos ahora de manera práctica aquellas situaciones que experimentamos a diario. Todos nosotros vivimos distintas situaciones cotidianas que denominamos "la realidad". La primera opción de análisis frente a lo que acontece es el *optimismo necio*.

¿Cómo actúa el optimista necio? Niega la realidad y dice: "Me va a ir bien... está todo bajo control... esto es genial". De este modo, intenta encubrir la verdad de lo que está ocurriendo a través de la negación. Así, construye una fantasía de que todo marcha a la perfección, aun cuando no sea así.

La segunda opción de análisis de la realidad es el *negativismo necio*. ¿Qué hace el negativo necio? Expresa:

"Esto es un desastre, esto no va a andar". ¿Cuál es el error tanto del optimista necio como del negativo necio? Que ninguno de los dos acciona. El optimista necio cree que todo marcha bien y no precisa

> *No solo la gente feliz soporta mejor el dolor y toma mejores decisiones de salud y seguridad cuando se ve amenazada, las emociones positivas pueden deshacer las emociones negativas.*
> **Martin Seligman**

hacer nada; mientras que el negativo necio tampoco se mueve porque cree que todo le va a salir mal.

La tercera forma de percibir la realidad es el *optimismo inteligente.*

¿Qué diferencia a un optimista inteligente de los dos anteriores? El hecho de que este analiza tanto el aspecto positivo como el aspecto negativo de lo que sucede a su alrededor.

Cuando enfrentamos alguna situación especial, sobre todo si es complicada, una manera práctica de reaccionar es primeramente analizarla, pero incluyendo tanto las posibilidades como las dificultades. Es decir, considerar ambos escenarios: lo positivo y lo negativo, y pensar: "En esto me puede ir bien por esta razón... y en esto me puede ir mal por esta otra razón". Dicho análisis de la realidad deberíamos realizarlo disociados o alejados de nuestro estado emocional. ¿Por qué? Porque, si uno se siente muy contento, negará la dificultad y exagerará la posibilidad; mientras que, si uno se siente "bajoneado", exagerará la dificultad y negará la posibilidad.

Entonces, en primer lugar, analizamos la realidad y consideramos tanto el escenario positivo como el negativo. Lo hacemos alejándonos de nuestro estado emocional para que este no influya en el análisis. Solo así lograremos ver qué posibilidades tenemos en esa situación y qué acciones podemos llevar a cabo al respecto.

> *Optimismo: el combustible de los héroes, el enemigo de la desesperanza, el creador del futuro.*
> **Max More**

Esta es la actitud de un optimista inteligente que no niega la realidad cuando es dura, pero siempre decide ver el "vaso medio lleno", en lugar del "vaso medio vacío". ¿Por qué? Porque hace uso de la fe y siempre espera lo mejor en cada situación.

Multiplicidad de expresiones del optimismo

- *El optimista da lo mejor*

¿Qué vas a dar? Sea cual fuere el lugar en el que te encuentres, ya sea que haya una sola persona o miles a tu lado, que te quieran o no, siempre da lo mejor. En la antigüedad, algunas personas comían la semilla más pequeña y sembraban las más grandes que, a su vez, generaba una cosecha más voluminosa. De esta manera, lentamente, mejoraba tanto la cosecha como su alimentación, pasando así de la semilla más pequeña a la más grande, ya sea en la comida como en la siembra. Y así sucesivamente. Cada semilla era más grande que la anterior porque era la más pequeña de la cosecha grande. En cambio, los que sembraban la semilla más pequeña y se comían la más grande tenían una cosecha pequeña. Haciendo un paralelo con la vida diaria, podemos decir que, de alguna manera, cuando damos lo mejor, siempre "lo mejor" nos llevará al avance, al crecimiento. Enseñanza: sembremos siempre lo mejor para que todo nuestro pasado quede atrás. La gente optimista da siempre su mejor sonrisa, su mejor aplauso, su mejor actitud. ¡Elige dar lo mejor!

- *El optimista es más creativo*

En una oportunidad, se realizó una investigación con un grupo de personas a quienes dividieron en dos grupos. A uno de ellos se le mostró una película cómica y al otro grupo se le compartió una película de terror. Al terminar de verla, quienes pertenecían al primer grupo desarrollaron emociones positivas; no así el segundo grupo, que manifestó emociones de temor. Al terminar, se les entregó a los dos grupos un papel para que completaran la frase: "A mí me gustaría...". Los que habían desarrollado emociones positivas anotaron más acciones a realizar que quienes habían vivenciado emociones negativas. Esto nos lleva a deducir que la gente optimista es más creativa.

• *Al optimista le va mejor en el trabajo*

De pequeño, imaginaba a Louis Pasteur o Marie Curie, o a cualquiera de los grandes científicos, como gente amargada. Pero al estudiar descubrí que a la gente optimista le va mejor en el trabajo debido a la actitud de alegría que desarrollan. La gente optimista trabaja mejor y supera mejor las adversidades. Las emociones positivas hacen que, aunque estés seis años esperando conseguir el trabajo por el cual te preparaste, te mantengas firme esperando algo bueno. Es por ello que necesitamos ser optimistas.

> **El pesimismo conduce a la debilidad, el optimismo al poder.**
> **William James**

• *El optimista vive más saludablemente*

El optimismo, de acuerdo con ciertos estudios observacionales, posee la capacidad de reducir los síntomas de la depresión, aliviar la presión arterial, reforzar nuestro sistema inmunológico y reducir los síntomas típicos de la ansiedad. Incluso, frente a enfermedades serias como el cáncer, se llegó a la conclusión de que los optimistas, que son naturalmente fuertes y resilientes, experimentan menos angustia, menos recaídas y más chances de sobrevivir. No hay duda de que cuando nuestras emociones son positivas, a consecuencia de una actitud optimista, nos volvemos más inmunes al estrés, el sufrimiento y las enfermedades.[11]

> *El optimismo es la fe que conduce al logro. Nada puede hacerse sin esperanza y confianza.*
>
> **Helen Keller**

- *El optimista aporta soluciones*

¿Qué hace la gente positiva? Aporta soluciones. ¿Qué tipo de soluciones? Soluciones positivas. Cuando escuches o hables con alguien que expresa una idea inspiradora, anótala. En una oportunidad, le dije a un señor que estaba atravesando una enfermedad grave y, como resultado, sus emociones variaban constantemente entre la amargura y la desolación: "Cuando nacemos, Dios nos da un lienzo blanco grande que las distintas circunstancias van acortando. Pero en el espacio que nos queda dentro de ese lienzo podemos pintar lo que queramos. No mires el tamaño del lienzo, mira lo que te queda y pinta lo mejor".

---

11 Lozano Flórez, J. A. Artículo especial: "Optimismo y salud". Departamento de Medicina de la Universidad de Oviedo, Asturias.

- *El optimista sabe manejar conflictos*

Frente a un conflicto, ¿qué hace alguien optimista? Mira en positivo. La gente optimista sabe manejar conflictos. Uno de los libros con mayor sabiduría es el libro de Proverbios y allí leemos lo siguiente: *No respondas al necio según su necedad, o tú mismo pasarás por necio. Respóndele al necio como se merece, para que no se tenga por sabio.* Nunca hay que reaccionar mal frente a una persona necia, para no terminar convirtiéndonos en necios también.

> **Qué maravilloso es que nadie tenga que esperar ni un momento antes de empezar a mejorar el mundo.**
> Ana Frank

Según algunos estudios, el optimismo es un potente predictor psicológico de salud y de longevidad. Las emociones positivas que subyacen al optimismo se derivan básicamente de un estilo de vida muy simple. Cualquier actividad puede ser gratificante. Estas personas tienen incluso la habilidad de cambiar una contrariedad en algo emocionante y positivo. ¡La vida es felicidad, pero es necesario buscarla y encontrarla!, dicen estas personas optimistas. La persona que actúa y piensa de forma optimista esboza una sonrisa ante la vida, genera una fortaleza psíquica y teje una serie de virtudes personales que constituyen su gran escudo protector.[12]

---

12 Wímb lu, *Rev. electrónica de estudiantes* Esc. de Psicología, Univ. de Costa Rica. 5(1): 65-83, 2010. "El papel de las emociones positivas en

El optimismo en la práctica diaria

Estas son algunas de las muchas prácticas que todos podemos elegir para ser un poco más optimistas cada día:

- Escoger siempre pensamientos y palabras positivos que nos eleven, dejando pasar "los otros" que solo nos hacen daño.
- Hacer todo aquello que amamos y nos recarga de energía, en lugar de adoptar actitudes que nos roben la fuerza, tales como quejarnos, discutir, criticar, buscar venganza, etc.
- Decidir siempre "ir por la milla extra". Esto significa pensar que siempre podemos hacer un poco más, aunque estemos cansados y agobiados.
- Diseñar el mañana que deseamos vivir, fijándonos metas y objetivos. Esto nos ayuda a no estancarnos y a recordar que "¡no hay mal que dure cien años!".
- Practicar la valentía. Las crisis, tanto las personales

> Hay características físicas que se heredan, como la apariencia o la coordinación física. Muchas características psicológicas, en cambio, son aprendidas. No todos nuestros atributos contribuyen al éxito en la vida, pero el optimismo sí es uno de ellos, es además uno de los principales.
>
> **Martin Seligman**

el desarrollo de la Psicología Positiva", Harlen Yadira Alpízar Rojas y Deilin Elena Salas Marín.

como las colectivas, son el momento ideal para ser valientes. Esto no implica que uno no tendrá miedo, lo cual es perfectamente normal, sino que será capaz de actuar a pesar de lo que siente.

En conclusión, podemos afirmar que alguien optimista es como un imán que posee la habilidad de atraer lo bueno y de contagiar emociones positivas, como la fe, la tranquilidad y la humildad, para superar los momentos más difíciles que nos toca atravesar.

Algunas preguntas...

a. *¿Cómo puedo hacer crecer mi optimismo en mis acciones cotidianas?*

Una manera práctica de potenciar nuestro optimismo es usar la imaginación. Representar posibles escenarios y situaciones nos conduce a la creatividad. Todo lo bueno que hoy vemos y disfrutamos fue primero vislumbrado por alguien. Ten en cuenta que la imaginación afecta nuestra fisiología y nuestra psicología. Algo que los líderes de excelencia siempre aconsejan es enfocarnos en sueños grandes. Esto hace que nuestro entusiasmo por verlos cumplidos aumente y es un motor en sí mismo. Aquí es imprescindible hacer oídos sordos a las personas que vengan a decirnos que lo que soñamos es imposible, que nadie lo hizo antes, que no tenemos lo que se precisa para verlo convertido en realidad, etc. Practica ser un optimista a diario, en las situaciones cotidianas que vivas, y verás esta emoción crecer en tu vida.

b. *¿Cómo puedo hacer para ver las cosas con optimismo? Por lo general, siempre me paro en el peor de los escenarios.*

Una buena estrategia para desarrollar el optimismo es realizar cambios pequeños, detalles que te motiven; porque, a medida que vayas logrando cambios mínimos, irás recuperando la esperanza en un futuro mejor. Así, dejarás de ver todo tan negativo y de usar frases como: "me voy a quedar sin trabajo", "ya no voy a tener finanzas", "nunca voy a comprarme una casa", "no voy a poder recibirme", etc. Si tienes que pagar una deuda y no puedes cubrir el 100%, tal vez puedas saldar el 5%. Es poco, pero es algo. Los grandes cambios suelen frustrarnos y privarnos del futuro cuando no los alcanzamos, pero lograr un cambio pequeño nos motiva y nos activa el futuro. Valorar los pequeños cambios activará tus expectativas y eso hará que recuperes las fuerzas y el entusiasmo que habías perdido.

c. *Reconozco que soy un experto en la queja. No puedo enfocarme en lo bueno, soy excelente en ver el lado negativo de las cosas; pero ser así me está alejando de las personas que quiero.*

Respondo tu pregunta con esta anécdota. En una oportunidad estaban inaugurando una nueva estación de ferrocarril. Entre las personas que se encontraban allí había una muy quejosa que empezó a decir: "Este tren no va a funcionar bien, con la velocidad que tiene no es para estas vías, no va a arrancar, no sirve para estos rieles" …, y así una y otra vez. Finalmente, el tren arrancó. Cuando lo hizo, la misma persona repetía: "No lo van a poder parar, no lo van a poder parar". ¿Qué le sucede a la gente quejosa? Necesita siempre inventar un displacer, buscarles el lado negativo a las situaciones para empañar algo positivo. El quejoso que utiliza la queja como una manera de vincularse con el otro es aquel a quien le sugieres: "¿Por qué no pruebas con esta idea?", y te responde: "No, eso no va a andar; y esto, tampoco". Un ser humano que vive quejándose, aunque no sea consciente de ello, tiene "mentalidad de langosta". ¿De qué se trata dicha mentalidad? Básicamente de estos tres comportamientos:

1. Se lamenta por todo constantemente.
2. Cree que la vida es muy difícil y que no es capaz de lograr nada.
3. Suele tener problemas con todo el mundo.

Si te sientes identificado, necesitas saber que la queja como hábito no solo te provoca una gran insatisfacción; con el tiempo, también puede llegar a afectar tu salud a nivel físico y emocional. ¿Por qué? Porque una persona quejosa reprime sus emociones negativas, como la ira y la tristeza, que son encapsuladas en el cuerpo hasta que un día explotan. La queja no sirve. Únicamente nos lleva a ser pesimistas, lo cual aleja nuestra mirada de todo lo bueno que la vida nos ofrece. "Pero, Bernardo, no tenes idea de todo lo que yo vivo", quizá me digas. Todos enfrentamos dificultades, pero repetir todo el día frases como "no puedo", "no tengo", "no me dejan" o "es muy difícil" no te aportará nada positivo. Es posible dejar atrás la queja y volver a visualizar nuestra vida desde una emoción nutritiva. El primer paso es reconocer el potencial ilimitado que todos portamos en nuestro interior para cambiar todo lo que nos hace mal. Y, luego, ser conscientes de que lo que pensamos da origen a lo que accionamos y todas las consecuencias que derivan de ello. Una persona quejosa no solamente no se lleva bien con los demás; tampoco se lleva bien consigo misma, pues no se acepta tal como es, no se respeta, no se cuida, no se ama. La queja vendría a ser una alarma que nos avisa que tenemos que prestar atención a nosotros mismos. Atrevámonos a ponerle fin al "parloteo mental" que nos conduce a quejarnos, a modificar nuestra manera de percibirnos y a reconocer que somos capaces de ver cada cosa que vivimos con pasión y entusiasmo.

Entonces, ¿por qué el optimismo es una emoción nutritiva?

El entusiasmo es una emoción nutritiva ya que podemos saber qué hacer y qué no hacer en una situación particular. Frente a un proyecto o una meta, la persona se enfocará en lo que sí puede cambiar, y no en aquello que le resulta imposible. El enfoque hace que el entusiasmo no decaiga y la ansiedad disminuya. El entusiasmo le permitirá no ver el error o el inconveniente como un fracaso, sino mirar su pasado, ver qué hizo en circunstancias adversas y aplicar esas fortalezas o soluciones en el presente; esto provocará que el grado de ciertas emociones, como la ansiedad, la intranquilidad y el miedo, disminuya notablemente. Existen dos formas de ver el pasado: con optimismo o con pesimismo. La visión que tengamos de nuestro pasado no depende de las circunstancias, sino de cómo leemos e interpretamos nuestra historia. Por ejemplo, puedes compartirle a un amigo/a recuerdos tristes o situaciones de dolor que has vivido, pero tener contentamiento por la manera en que los has superado. Eso sería tener una mirada optimista del pasado. Pero también puedes hacerlo con pesimismo. Si este es el caso, dicha

> *Los optimistas se convencen de que los fracasos son oportunidades para saber lo que deben hacer en la siguiente oportunidad.*
> **Daniel Goleman**

visión negativa te llevará a vivir ligado a un pasado totalmente inútil para tu vida actual. Como ves, el entusiasmo es una emoción que no te deja anclado ni en el fracaso ni en el dolor.

Una frase atribuida a Winston Churchill dice: "El éxito es la capacidad de ir de fracaso en fracaso sin perder el entusiasmo". Y el campeón de ajedrez cubano José Raúl Capablanca solía expresar: "Una partida perdida me enseña más que cien ganadas".

CAPÍTULO 3
La confianza nutritiva

Confianza: el pegamento afectivo de los vínculos

Todos venimos al mundo equipados con una herramienta poderosa: *la confianza*. Esta es una especie de "pegamento emocional" que nos permite vivir conectados con otros seres humanos. Dicha conexión es necesaria para relacionarnos, por ejemplo, con nuestra pareja, nuestros socios, nuestros amigos, etc. Si una relación no se forma sobre la base de la confianza, raramente perdurará en el tiempo. Cuando surge en alguna de las partes el opuesto de la confianza, es decir, la desconfianza, la relación se ralentiza. Pero, si la confianza abunda, mejor y más exitosa será la manera de conectar con el otro. Mientras nos puede llevar años construir confianza con los demás, solo se necesitan unos pocos minutos para destruirla. Cualquier relación cercana puede cambiar de la noche a la mañana cuando una de las partes miente, engaña o traiciona. Entonces, todo lo que se había logrado y disfrutado con la otra persona se viene abajo sin posibilidad alguna de reconstrucción.

¿Sabías que, en nuestro ser interior, reside "el poder de la confianza"? El politólogo e investigador Francis Fukuyama analizó este tema en cuestión y arribó a la siguiente conclusión: "Cuanto mayor sea el nivel de desconfianza de una nación, mayores serán sus pérdidas económicas". Esto confirma la conexión íntima entre confianza y dinero. Si los clientes de un negocio cualquiera, explica Fukuyama, desconfían de los productos ofrecidos, esto traerá como resultado una ralentización en las ventas. En cambio, un negocio conocido por la alta calidad de sus productos disfrutará del aumento constante de sus ventas. Expresado de otro modo: cuanto menor es la confianza, menor es el flujo de dinero.

De igual modo, las relaciones no pueden fluir si no existe la confianza mutua. La confianza es una emoción sumamente importante, pues la necesitamos para formar vínculos. Si no confiamos, no podemos tener amigos, ni llevarnos bien con la familia, ni disfrutar de una relación de pareja. Por eso, es necesario desarrollar esta emoción. Ya sea que se trate de parejas, amigos, compañeros o socios, si ambas partes confían, las finanzas se moverán y la conexión personal con el otro se mantendrá saludable a lo largo del tiempo.

Stephen Covey, un líder y escritor estadounidense, escribió el libro *Confianza inteligente*.[13] Asegura que debemos mostrarnos tal cual somos, sin máscaras. En el mismo sentido, recuerdo que hace un tiempo un productor de un medio de comunicación me comentó: "Bernardo, hay gente que triunfa en los medios porque, así como son en la pantalla son fuera de ella, no tienen una doble cara, un doble discurso". La honestidad y la transparencia son generadores de confianza, pero, además, es necesaria la capacitación. Tenemos que ser honestos y, al mismo tiempo, buenos en lo que hacemos. Adicionalmente, un buen consejo para desarrollar la confianza es dejarnos guiar, dejarnos llevar por lo que sentimos internamente.

> *La mejor forma de saber si puedes confiar en alguien es confiando en él.*
>
> **Ernest Hemingway**

La confianza da seguridad y protección

La confianza nos brinda una sensación de seguridad. Cuando me siento seguro y protegido, estas dos características me llevan a confiar. Confiamos en alguien cuando el otro posee buenas intenciones y nos damos cuenta de que no nos va a lastimar; pero la confianza en uno mismo consiste en saber que yo soy capaz de

---

13 Covey, S. y Link, G. (2013). *Confianza Inteligente: La creación de prosperidad, energía y alegría en un mundo de baja confianza.* Paidós.

protegerme y cuidarme. Cuando creemos y confiamos en nosotros mismos, nuestra vida mejora y avanzamos a pasos agigantados, ya que esta emoción nutritiva es el elemento que nos mantiene en acción, incluso en medio de las crisis y de grandes dificultades. Cuando somos capaces de ver, con los ojos de la mente, nuestro sueño convertido en realidad, hallamos la fortaleza para seguir adelante hasta alcanzarlo. Confiar en mí mismo y en mi potencial me permite concentrarme en mi meta sin distraerme y me convierte en una persona con una estima sana y, como resultado, productiva. Cada vez que confiamos en nosotros mismos, nuestra capacidad de confiar aumenta y esta emoción nutritiva también lo hace. Creemos que contamos con recursos internos y, a pesar de lo negativo que nos suceda, podremos seguir adelante.

Hay confianza cuando nos dejamos abrazar y también le damos libertad al otro. La confianza expulsa el temor a ser lastimados o abandonados. Confiar significa decirle "sí" al otro, pero también abrirle la puerta a la desilusión. Es un yo autónomo que dice: "Yo me cuido, yo creo que tengo los recursos"; pero también un yo interdependiente que expresa: "Te necesito, quiero estar contigo". Dicho yo es el que nos permite sentir confianza.

Las personas que desarrollan esta emoción nutritiva saben cuidarse a sí mismas en todos los aspectos.

Quienes han triunfado en la vida y han tenido grandes logros no lo hicieron por casualidad, se esforzaron

Los discursos inspiran menos confianza que las acciones.
Aristóteles

trabajando con eficacia en el diseño y la persecución de sus objetivos. Porque confiaron en ellos mismos y nunca se dieron por vencidos a pesar de los obstáculos, sino que perseveraron hasta el fin. Sea cual fuere el sueño, la meta o el propósito que desees alcanzar, cuentas con la confianza que te permitirá enfrentar y resolver cada problema que surja, te ayudará a tomar el mejor camino y te impulsará a amarte y a cuidarte más.

Con confianza y determinación, nadie impedirá
que llegues a la cima.

La persona que experimenta esta emoción nutritiva es asertiva y no agresiva. No necesita demostrarles nada a los demás ni tiene temor de perder el control. Puede enfrentar sus angustias y acepta un "no" del otro, es decir, un límite; pero también puede decirle que no al otro con firmeza. Demuestra claridad en la expresión de sus necesidades y en la escucha de las necesidades ajenas.

Tiene congruencia entre lo que dice, piensa y hace. Puede pedir, reparar los daños y pedir ayuda. Vivir confiando en nosotros mismos nos brinda sus beneficios. Veamos algunos de ellos:

- Una persona confiada siempre puede adelantarse a los hechos accionando. ¿La razón? Suele ser alguien que practica la proactividad, es decir que se mueve sin que le sea requerido y, sobre todo, independientemente de lo que otros hagan o dejen de hacer. Tampoco espera recompensa por sus actos.
- Una persona confiada cuida de sí misma y no se queda sentada en espera de que algo suceda. Conocerse, valorarse y respetarse la conduce a elegir siempre la mejor parte.
- Una persona confiada posee la habilidad de solucionar cualquier inconveniente y superar cualquier situación adversa, sin intentar escapar de esta. Esto se debe a que, con ideas y emociones en orden, no teme cometer errores.
- Por último, quien confía en sí mismo toma las riendas de su vida y se transforma en el "protagonista" de esta; ninguna excusa lo detiene, pues sabe con certeza que siempre lo mejor está por venir.

Ser una persona confiable

Es muy importante cuando nos relacionamos con alguien, sea que se trate de un familiar, un amigo o un compañero de trabajo, dejar bien en claro cuáles son nuestras ilusiones; y luego estar dispuestos a saber cuáles son las expectativas del otro lado. Muchos tienden a creer ciegamente en los demás y acaban cayendo en engaños y manipulación. Así como existen los contratos que se celebran por escrito, con cláusulas que fijan tanto derechos como obligaciones, también hay "contratos emocionales". En ellos deberíamos incluir todo aquello que resulte fundamental a la hora de relacionarnos con otra persona.

> *Si a las personas les gustas, te escucharán, pero si confían en ti, harán negocios contigo.*
>
> **Zig Ziglar**

Supongamos que tú tienes una amistad cercana y tus expectativas con respecto a la relación es que esa persona pueda encontrarse contigo todos los fines de semana y que puedas contar siempre con ella emocionalmente cuando lo necesites. Pero, si nunca se lo explicitas (y tampoco conoces las expectativas de la otra parte), si tu amigo o amiga no se comporta como tú esperas, muy probablemente te desilusionarás y te ofenderás.

Los contratos emocionales no cumplidos son la mayor fuente de conflictos con los demás.

Para disfrutar de relaciones interpersonales saludables, sí o sí debemos verbalizar nuestras necesidades y aspiraciones con respecto al vínculo. Debemos expresarlo todo, sin esconder nada. ¿Por qué? Porque adoptar esta postura nos ayuda a confiar en el otro y a sentirnos seguros. Y, además, el otro puede descubrir si será capaz de darnos lo que queremos y esperamos. Si no lo fuera, tiene la posibilidad de hacer alguna modificación al respecto y, sobre todo, de presentarnos sus propias expectativas.

> Es la confianza mutua, más que el interés mutuo, la que mantiene unidos los grupos humanos.
> H. L. Mencken

El líder religioso estadounidense y autor de numerosos libros Bill Hybels nos habla de las tres condiciones que deberían existir para que haya confianza entre dos personas:

- *Carácter*
  Una persona de carácter suele ser transparente, lo cual genera confianza. Alguien sin una doble intención, o una agenda escondida, que es siempre de la misma manera con todo el mundo y se expresa claramente provoca que otros confíen en él o ella.

- *Capacidad*
  Una persona con capacidad también activa la confianza. Si, por ejemplo, tienes un desperfecto eléc-

trico en casa, no necesitas un electricista que tenga un buen corazón y sienta empatía, sino un profesional capaz de solucionar el problema con eficacia y rapidez.

- *Química*
  No es suficiente ser una persona transparente y capaz solamente a la hora de relacionarnos con los demás. Además, es fundamental tener química con los demás, es decir, conectar con ellos en un nivel más profundo y positivo para construir confianza.

No alcanza con carácter, hace falta capacidad; y no alcanza con capacidad, hace falta llevarse bien, saber decir las cosas, tener una buena actitud, saber cuándo hablar y cuándo callar. Carácter, capacidad y química.

Las investigaciones identifican estas tres características como las condiciones indispensables que debe tener una persona si quiere ser generadora de confianza. Si las tres forman parte de nuestra vida, es ciento por ciento seguro que toda relación que emprendamos terminará siendo exitosa y nunca dejará de crecer.

Nuestra vida está en nuestras manos. Esta no depende de nuestros genes o de nuestro ADN, sino de la capacidad que desarrollemos día tras día para dar a conocer nuestro potencial y así poder manejarnos eficazmente en todo lo que hagamos.

Para establecer vínculos sanos con los otros, sea cual fuere el ámbito en que nos movamos, nuestro hablar debe ser claro para poder expresar cuáles son nuestras expectativas. Cuando una persona es herida en su confianza, por lo general, queda muy lastimada porque la traición nos duele profundamente en el alma.

> *No me molesta que me hayas mentido, me molesta que a partir de ahora no pueda creerte.*
> **Friedrich Nietzsche**

La confianza es el fundamento de toda relación humana. Nadie puede caminar junto a alguien sin tener la certeza de que puede confiar en esa persona. Sin confianza nutritiva es imposible avanzar y crecer. Cuando hablamos de confianza, nos referimos a transparencia. Para confiar en una persona, hace falta primero tener cierto conocimiento. Cuanto más se conocen el uno al otro, más confianza hay en una relación.[14]

La confianza nutritiva siempre es inteligente

Existe una confianza básica que todos tenemos. Por ejemplo, cuando abordamos un medio de transporte, no le pedimos al conductor su licencia de conducir. Del mismo modo, existe también una desconfianza normal,

14 Leer más: http://www.monografias.com/trabajos82/valor-confianza/valor-confianza.shtml#ixzz3aaydUzTX

que es ocasional y tiene que ver con la precaución. Por ejemplo, cuando estamos por firmar un contrato. En una situación como esa, generalmente leemos todo exhaustivamente, averiguamos lo que no entendemos, investigamos. Otra cuestión es ser un desconfiado crónico, una persona que experimenta una enorme soledad debido a que vive un gran conflicto con respecto a ser capaz de vincularse confiadamente con los demás.

> *Confiar en todos nos es sensato; pero desconfiar de todos es una locura.*
>
> **Juvenal**

Veamos algunas de las creencias principales que esta persona alberga en su mente:

1. *Hay un mensaje oculto que debo descifrar.* Cuando el desconfiado escucha A, para él, podría tratarse de B, C o D. Intenta permanentemente hallar un mensaje oculto en todo lo que ve y oye. Este sistema de interpretación paranoica proviene de su historia personal en la que lo que se decía no coincidía necesariamente con lo que se hacía. Esa es la razón de que busque siempre el "mensaje oculto". Como aquel al que le dicen: "Hola" y, de tan desconfiado, piensa: "¿Qué me habrá querido decir?". Para el que desconfía, la gente dice una cosa, pero, en realidad, quiere decir otra. Ese es su lema.

2. *No puedo confiar en los demás*. El desconfiado no puede armar un vínculo, ya que vive en un estado hiperalerta en espera de ser atacado. El otro es culpable, aunque le demuestre lo contrario. Hagan lo que hagan y digan lo que digan los demás, el prejuicio arraigado en el desconfiado lo lleva a no confiar; y, cuando finalmente logra abrir su corazón, se arrepiente porque sus sentimientos de persecución aumentan. Piensa: "Cualquier persona puede traicionarme". Esto lo conduce a no poder idealizar a nadie, le cuesta incluso admirar. Una de las manifestaciones de la desconfianza crónica, por ejemplo, son los celos. Cuando alguien resulta demasiado amistoso, amoroso o generoso, el desconfiado piensa que algo desea quitarle, que lo está usando y que "allí hay gato escondido". No solo desconfía "cuando la limosna es grande", también cuando la limosna es pequeña.

3. *El otro actúa por motivos ocultos*. Muchas veces el desconfiado proyecta en el otro la ira que acumula en su interior. Es el otro el que lo quiere lastimar. Es el otro el que lo quiere agredir. Como resultado, termina en un gran aislamiento, llevando una vida solitaria, sin intimidad afectiva. También acostumbra a racionalizarlo

todo y desarrolla una memoria prodigiosa: recuerda fechas, horarios, rostros, etc. Suele analizar tanto el lenguaje verbal como el no verbal. Mira de manera obsesiva hacia la derecha
y hacia la izquierda observando cada escena y
contexto porque teme ser "lastimado" por cualquiera y en cualquier momento. Su hipervigi-
lancia lo lleva a caer en un enorme estrés. Su
pensamiento constante es: "Si no me mantengo
atento, me usarán".

4. *Los demás son hostiles.* No solo la ira, sino además
una enorme dosis de frustración interna lleva
al desconfiado a proyectar hostilidad en el otro
todo el tiempo. Si, por ejemplo, escucha una risa
u observa una mirada especial, lo lee como una
agresión. Su interpretación es: "Se está burlando
de mí, me está agrediendo, me quiere lastimar".
Cree firmemente que los demás están empecina-
dos en descalificarlo, rebajarlo, ningunearlo. Por
eso, que la gente se entere de sus cosas personales hace que piense que eso será usado en su
contra.

Paradójicamente aquel que vive con esta actitud de
desconfianza crónica es quien más fácilmente es esta-
fado y engañado. Esto es así porque el estrés constante

en el que vive lo lleva a analizar mal las situaciones y a tomar decisiones equivocadas la mayoría de las veces.

En el extremo opuesto de la desconfianza crónica, hallamos la credulidad absoluta. Esta es una característica propia de las personas que creen todo, a todos, todo el tiempo. Por lo general, poseen una muy baja actitud crítica que les impide analizar y los conduce a creer casi sin pensar.

El diálogo con un desconfiado crónico puede ser desgastante. Pues no tiene una hipótesis sino una "tesis" de todo lo que se está hablando. Aunque uno pueda explicarle y mostrarle pruebas, no acepta razones. Tal vez pueda sentir algo de alivio con ciertas explicaciones, pero será solo por un momento para volver luego a activar el pensamiento de desconfianza.

> *La incapacidad de abrirse a la esperanza es lo que bloquea la confianza, y la confianza bloqueada es la razón de los sueños arruinados.*
> **Elizabeth Gilbert**

¿Cómo hacer para no caer en ninguno de estos dos extremos? Construyendo una "confianza inteligente" que es progresiva: de menos a más a lo largo del tiempo. Esta se basa no solo en palabras, sino además en acciones congruentes, y nos permite mejorar nuestros vínculos, salir del individualismo, armar equipos y disfrutar intimidad afectiva: abrir el corazón y darnos a conocer, sin máscaras ni protocolos, permitiendo que el otro haga lo mismo.

Y si hemos sido traiciona-
dos, manipulados o engaña-
dos, necesitamos saber que
siempre podemos volver a
confiar en otros y en uno mis-

Cuando la confianza es alta, la comunicación es fácil, instantánea y efectiva.

Stephen R. Covey

mo. ¿Cómo se recupera la confianza? Básicamente de
estas dos maneras:

1. *Valorando mis logros.* ¡Siempre tenemos alguno!
   Las personas suelen enfocarse más en sus errores
   que en sus aciertos.
2. *Reconociendo mi capacidad interior.* Es decir, sabiendo que, si ayer fui capaz, hoy seré capaz también.

Algunas preguntas...

a. *No puedo confiar en nadie. Siempre pienso que me van a
mentir o a estafar y vivo a la defensiva. ¿Por qué actúo así?*

Hay mucha gente a la que le cuesta confiar en los
demás y algunos, incluso, llegan a aislarse del mundo
por su falta de confianza. Muy probablemente, y aunque no seas consciente de ello, tengas muy arraigadas
en tu interior creencias que te empujan a actuar así. Por
ejemplo, crees que hay un mensaje escondido en todo
lo que escuchas y, como resultado, malinterpretas los

dichos ajenos. Es una actitud de paranoia que tal vez aprendiste en tu familia de origen donde lo que te decían no coincidían con lo que se llevaba a cabo. Crees que no puedes confiar en nadie y que la gente se mueve con motivos ocultos. Esto solo te conduce a analizar obsesivamente todo lo que hacen y dicen los demás, incluso lo expresado con su propio cuerpo, y generar así una cuota elevada de estrés que puede acabar por afectar tu salud. Y, si bien es cierto que hay gente que no es honesta, la mayoría de los seres humanos son confiables.

¿Cómo salir de este círculo vicioso? Como hemos visto, aprendiendo de a poco a construir una "confianza inteligente". Esta se basa principalmente en acciones coherentes (sin contradicción entre lo dicho y lo actuado) que nos permiten relacionarnos sanamente con otros.

b. *Soy demasiado crédula y confío en todo el mundo. A veces, me desilusiono porque me engañan o no se comportan como yo espero. ¿Qué debería hacer?*

Esta pregunta está relacionada con la anterior. El otro extremo de la desconfianza es la credulidad total. Es decir, creerle todo a todos. Repito lo que mencioné antes, pero a la inversa: podemos confiar en la mayoría de las personas, pero siempre nos toparemos con gente que no es confiable y acostumbra a mentir. Si somos lo suficientemente sabios y contamos con una actitud crítica sana (hacia uno mismo y hacia los demás), seremos capaces de reconocerlos. Pues sabremos analizar las situaciones y sus participantes y actuaremos con inteligencia. Así será menos probable que nos engañen.

c. *¿Los celos están relacionados con la falta de confianza en el otro?*

Justamente, una de las características de quienes no pueden confiar en el otro son los celos. En este punto, es necesario distinguir los celos de la celotipia. Los celos normales son miedo a perder, y son momentáneos, ocasionales y de corta duración. El celotípico es aquel que tiene la certeza de que el otro lo está engañando. En este caso, aparece lo que se denomina "delirio persecutorio". El delirio persecutorio es cuando la persona tiene la certeza delirante, por decirlo de algún modo, de que el otro la va a lastimar o la ha engañado. Por lo general, a la persona desconfiada le cuesta formar pareja y tener amigos, porque se le hace difícil tener intimidad. Son esas personas que te estudian durante mucho tiempo y, si finalmente te ganaste su confianza, se irán abriendo de a poco, pero siempre con un límite porque piensan que todo lo que sepas de ellas, el día de mañana, podrás usarlo en su contra. Necesitamos animarnos a confiar un poco más en nosotros y en los demás. Esto no quiere decir que seamos crédulos o tontos, no se trata de tener el "síndrome del niño bueno", de creerle a todo el mundo, de pensar que la gente es justa o que lo que le damos a alguien es lo que esa persona nos va a devolver, pues, ciertamente, hay gente buena y gente que no lo es.

Entonces, ¿por qué la confianza es una emoción nutritiva?

Hay una confianza básica: nos ubicamos en el sillón, tomamos el control remoto del televisor y no chequeamos que todo va a estar bien. Sencillamente lo damos por sentado. Distinta es la confianza como emoción. La pregunta es: ¿de qué? Si vas a dar un examen, confías en que te va a ir bien. Pero ¿en qué confías? En que te van a tomar lo que sabes, en que el profesor te tratará amablemente… entonces, tienes una confianza probabilística ("espero que me vaya bien"), confiando en los factores aleatorios ("ojalá que todo salga bien"). Podríamos decir que se trata de una confianza estadística, lo que expresamos coloquialmente como: "Ojalá tenga buena suerte"; pero la confianza nutritiva está basada en una fortaleza: "Me va a ir bien en el examen porque estudié y tomé la cursada con responsabilidad". Dicha confianza está especificada, cercada, por una fortaleza. Entonces, ahora la confianza produce calma y sosiego. También, desde la mirada de los vínculos, podemos decir que la confianza es una emoción nutritiva porque nos permite "descansar" en el otro y que el otro "descanse" en nosotros. Nos permite sentirnos uno con el otro, fluir con el otro, trabajar en equipo, sentir que vamos hacia el mismo lado, que caminamos juntos para ayudarnos y acompañarnos.

Capítulo 4
La esperanza nutritiva

La esperanza es la expectativa de algo bueno

Tener esperanza significa mantener la expectativa de que algo bueno nos va a ocurrir. Por lo general, los seres humanos somos seres emocionales y muchas veces vivimos de acuerdo con lo que nos pasa. La esperanza nos pide también la actitud de ver hacia adelante, ver "más allá" en medio de las circunstancias adversas. Aquellos que eligen vivir con esperanza desarrollan una "mentalidad de esperanza" y pueden superar sus circunstancias actuales. En términos clásicos, también la esperanza se describe como una emoción orientada al futuro. El filósofo y médico inglés John Locke, por ejemplo, describe la esperanza como una emoción que percibe como bueno algo que aún no está presente, y a partir de ello imagina un futuro placer.[15]

---

15 Ahmed, Sara. Revista *Nueva Sociedad* N° 283/ septiembre-octubre de 2019.

¿Qué significa "mirar más allá"? Es analizar hacia dónde orientamos nuestra mirada. Podemos dirigirla a nuestros estados de ánimo y, entonces, mirarnos todo el día, analizar qué nos ocurre, por qué nos ocurre, etc. Si hacemos esto, quedaremos esclavos de nuestros fluctuantes estados de ánimo. Pero también podemos orientar nuestros ojos hacia el futuro. Si así lo hacemos, estaremos dirigiendo toda nuestra vida hacia la esperanza. *La esperanza es un sentimiento presente (un placer en la mente), pero direccionado hacia un objeto que no está aún presente.*[16]

> **Donde no hay esperanza, nos incumbe a nosotros inventarla.**
> **Albert Camus**

Actualmente, luego de grandes episodios mundiales, muchos han perdido la esperanza, esta emoción sumamente nutritiva. Personas que no pueden vislumbrar un día mejor al que están viviendo. Pero, si anhelamos vidas plenas y grandes logros allí donde nos movemos, debemos recuperar la esperanza perdida. Entonces, ¿cómo hacemos para recuperar esta emoción que todos necesitamos nutrir? Sabiendo que no podemos perder la esperanza de llegar a ver nuestros sueños cumplidos. Como citaba Helen Keller: *"El optimismo es la fe que conduce al logro; nada puede realizarse sin esperanza"*.

Esperanza no es sinónimo de deseo: "Ojalá encuen-

---

16 Ibídem.

tre un trabajo mejor", lo cual no está mal. La esperanza se equipara con la visión. Si alguien me dijera que le gustaría ser músico profesional, yo le preguntaría cuánto hace que está aprendiendo a tocar algún instrumento. En el caso de que su respuesta fuera que todavía no está tomando lecciones, me daría cuenta de que lo que alberga en sí mismo es solo un deseo. Allí no hay esperanza, que es la creencia de que algo bueno vendrá a nuestra vida. Hoy más que nunca necesitamos tener esperanza, y mantenerla, porque los humanos accionamos siempre en función de lo que viene. *"La esperanza es ese placer de la mente que todos experimentan en sí mismos con motivo del pensamiento del probable gozo futuro de una cosa que sea capaz de deleitar"*.[17]

Hacia adelante siempre están las oportunidades

Alguien con esperanza, fundamentalmente, se enfoca hacia adelante. Su meta no es que los demás lo reconozcan y lo validen, sino ser el artífice de un mañana extraordinario. Muchos están constantemente pendientes de la mirada ajena, e incluso hacen todo lo posible por impresionar a los demás. Pero la mente de esperanza hace que uno pueda discutir con alguien cercano,

17 Locke, J.: *Ensayo sobre el entendimiento humano*, FCE, Ciudad de México, 1999, p. 212.

como la pareja o un hijo que nos reprocha algo, y decirle: "Está bien, tienes razón. Lo reconozco. Ahora, ¿cómo seguimos de acá en adelante?". Si eres el dueño de un emprendimiento y un cliente viene a quejarse, puedes responderle: "Tiene razón, ¿cómo lo podemos mejorar de acá en adelante?".

Tener una mentalidad de esperanza nos permite ver qué vamos a hacer de acá en adelante. Es decir, armar un plan para el futuro en el presente diario. Seguir hablando de lo que sucedió es quedarse atado al ayer. Muchas personas no quieren pensar hacia adelante y deciden vivir sin esperanza, anclándose al pasado o al presente. Mucha gente con la que tengo contacto en mis charlas parece haber perdido la esperanza de un mañana mejor. Ellos no confían en que lo que vendrá en el futuro será bueno, comparado con lo que viven hoy. Pero lo cierto es que, para disfrutar de vidas plenas y felices, necesitamos desarrollar una esperanza nutritiva, aun en medio de problemas o de crisis, porque todos nos movemos en función de lo que viene. Hablar del futuro, aunque aún no veamos nada, es enfocarse en un mañana mejor.

> *Los deseos en nuestra vida forman eslabones y esos eslabones hacen una larga cadena llamada esperanza.*
> **Séneca**

En la medida en que el futuro es lo que no existe, aquello que está siempre adelante, en el rumor del "un poco más adelante", la esperanza también implica imaginación, un deseo que nos ilumina acerca de aquello por lo que luchamos en el presente. La esperanza es el deseo y la expectativa de que una posibilidad deseada "se haga real".[18]

> **Esperanza significa esperar cuando todo parece desesperado.**
> G. K. Chesterton

¿Anhelas recuperar tu esperanza? Practica armar planes a futuro con frecuencia. La vida está repleta de imprevistos, pero todos podemos desarrollar el tipo de mentalidad que nos permite construir hacia adelante creyendo que lo mejor siempre está por venir. Tener esperanza es un estilo de vida.

Temor vs. esperanza

La mayoría de nosotros hemos sufrido pérdidas de cosas materiales, situaciones difíciles y cambios importantes que luego vimos como el comienzo de una gran epopeya. En lugar de leer esa crisis que atravesamos como un final, la empezamos a ver como un nuevo comienzo para volver a utilizar nuestra confianza inteligente de manera eficaz.

Una de las principales características de una persona saludable es su capacidad de ilusionarse. Cuan-

---

18 Ahmed, Sara. Revista Nueva Sociedad N° 283/ septiembre-octubre de 2019, ISSN: 0251-3552.

do nos ilusionamos, ponemos tanta fuerza, tantas ganas en esa ilusión que la vida se nos alarga porque, incluso después de ocurrido el evento que nos tenía ilusionados, nos mantenemos alegres, sanos y fortalecidos.

Ilusionarse es activar la esperanza y, para vivir bien, necesitamos tener un alto nivel de esperanza.

A veces sufrimos desesperanza porque lo que anhelamos parece demorarse o no hay un vislumbre de que ese objeto o individuo deseado llegue. En estos últimos tiempos, hemos oído las historias de gente que vivió pérdidas importantes, ya sea por trabajo, por mudanza, etc. Pero, aun en medio de esa situación tan angustiante, muchos de ellos vieron ese final como el comienzo de una nueva etapa. En lugar de leer esa situación de crisis que atraviesas como un final, tienes que verla como un nuevo comienzo para que vuelvas a usar tu fe de una forma diferente. Las personas que así lo hacen no se dan por vencidas, pues la esperanza las ayuda a recuperarse. Cuando te digan que no, cuando te anuncien un problema de salud, cuando te traicionen, afirma: "¡Esto no se terminó acá! ¡Tengo esperanza y voy

> **La diferencia entre la esperanza y la desesperación es que es una forma diferente de contar historias a partir de los mismos hechos.**
> **Alain de Botton**

por mucho más!". Cuando las cosas se ponen difíciles, juégate toda tu esperanza y tu fe y exclama: "¡Esto recién comienza!".

Recuerda que no es vergonzoso tener esperanza. El temor es una fuerza negativa que nos lleva a actuar por presión. Una persona que enfrenta su crisis desde el temor muestra las siguientes características: evita hacer cosas, le escapa a todo desafío, es pesimista, exagera lo negativo, manipula y siempre espera lo peor. Sin embargo, cuando el temor no nos domina, somos más grandes que esa misma circunstancia difícil.

¿Cómo estás reaccionando a tu crisis hoy? ¿A través del temor o de la esperanza? Nuestra motivación tiene que ser la esperanza. Cada vez que haya un "no", que pienses negativamente, que creas que no lo vas a lograr, que esa situación te va a destruir, confróntalo con la emoción opuesta. Cuando te atreves a salir del temor y a decir: "Sí, lo voy a lograr", es decir, cuando empiezas a hablar esperanza sobre tu vida, estás más cerca de alcanzarla. Te animo a pensar bien en medio de la crisis, a responder ante la adversidad positivamente, con pasión interna.

El temor presiona, la esperanza apasiona.

Después del llanto, siempre viene tu sueño; luego de la lucha, siempre aparece el poder.

Las personas pesimistas, que guardan resentimiento en su interior, afirman que el mundo es malo y nada positivo se puede hallar en él. Esta creencia errónea se convierte en una situación que deben tolerar toda su vida, pues es una actitud que se opone por completo a aquella de quien alberga esperanza dentro de sí. Manifestar esta emoción no nos hace personas inocentes ni superficiales, sino personas poseedoras de una predisposición mental de esperanza ante la vida que viven en un mundo donde conviven lo bueno y lo malo. La esperanza tiene el poder de trascender la miseria, la enfermedad, el temor y toda cosa negativa, dándole sentido a las circunstancias más adversas.

Una investigación realizada por Erik Erikson en el año 2000 señala que la vejez en los ochenta y los noventa años implica otras exigencias diarias que requieren de elementos adquiridos en otra etapa. Es en este período donde la persona debe hacer uso de los puntos fuertes que cultivó en etapas anteriores de su vida, como los rasgos positivos de su personalidad y todo lo que aprendió para la madurez. Todo esto le brinda la posibilidad de aceptar mejor las dificultades de la vejez que amenazan sus logros y su independencia, debido al debilitamiento progresivo y natural de la edad. El éxito en este tiempo incluye tanto la esperanza como la fe.

"Alguien podría argumentar que, ante ciertas situaciones traumáticas, es casi imposible encontrarles un sentido; pero una persona puede al menos

> **Debemos aceptar la decepción finita, pero nunca perder la esperanza infinita.**
> **Martin Luther King Jr.**

comenzar a hacerlo si deja de preguntarse 'por qué' le sucedió lo que le sucedió, lo cual la mantiene en amargura y la ata al pasado. Cambiar el '¿por qué?' por el '¿para qué?' y hacer uso del recurso del perdón (que no excusa de ninguna manera un daño grave ocasionado) permite adquirir una visión realista y esperanzadora de la vida que incluye la creencia en un futuro mejor y la posibilidad de ayudar a otros a sanar a partir de la propia experiencia. Nadie duda que servir al prójimo es una manera de sobreponerse a la adversidad".[19] Podemos sumarle al "¿para qué?" otra pregunta potente: "¿qué puedo hacer a partir de lo que me sucede?".

Sentir esperanza puede llegar a transformarnos a tal punto que logremos el objetivo de mejorar nuestro espacio en el mundo.

> **Nunca pierdas la esperanza. Las tormentas hacen a la gente más fuerte y nunca duran para siempre.**
> **Roy T. Bennett**

19 Cyrulnik, B. *et al.* (2004). *El realismo de la esperanza*. Barcelona, Gedisa.

Algunas preguntas...

a. *Últimamente discuto mucho con mi hijo mayor, que me reprocha cosas del pasado y casi siempre pierdo la paciencia y me enojo. No sé cómo manejarlo.*

Desarrollar "la mente de esperanza" es una muy buena técnica. ¿Y qué tiene que ver con las discusiones con mi hijo?, te preguntarás. Pensar de este modo hace que uno pueda discutir con alguien cercano, como la pareja o los hijos, y decirle: "Está bien, tienes razón. Reconozco lo que mencionaste y levanto el guante. ¿Cómo seguimos de ahora en más?". O, si tenemos un negocio y un cliente viene a quejarse, que podamos responderle: "Usted tiene razón, ¿cómo lo podemos mejorar de acá en adelante?".

Hoy en día muchas personas no desean pensar hacia adelante y eligen vivir sin esperanza, ancladas al pasado o al presente. Una mentalidad de esperanza nos permite considerar qué es lo que vamos a hacer a partir de ahora. Es decir, diseñar un plan para el futuro en el presente. Seguir hablando de lo sucedido es quedarse atado al ayer. Hablar del futuro, aunque todavía no veamos nada, es enfocarse en un mañana mejor y construir hacia adelante. Para recuperar la esperanza, necesitamos practicar diseñar planes a futuro rápidamente. Esto nos ayuda a vivir creyendo que lo mejor siempre está por venir.

b. Mis circunstancias actuales son tan difíciles y estoy tan bajoneado, que he perdido la esperanza en un futuro mejor. ¿Cómo puedo volver a levantarme?

En estos tiempos debido a distintas circunstancias muchas personas parecen haber perdido la esperanza en un mañana mejor. Ellos no confían en que lo vendrá será bueno, comparado con lo que vivieron o viven. Pero, para tener vidas plenas y felices, necesitamos practicar la esperanza, aunque estemos inmersos en circunstancias difíciles, porque los seres humanos nos movemos en función de aquello que viene. Recuerda esto: la esperanza es un estilo de vida. Tener esperanza es tener visión y actuar en consecuencia. Entonces, si alguien me comenta que quiere ser actor o actriz, le pregunto: "¿Estás tomando clases de actuación?". Si la respuesta es negativa, esa persona solo tiene un deseo, no tiene esperanza. Pero lo cierto es que aquellos que practican la esperanza en sus vidas siempre se enfocan hacia adelante y nunca miran hacia atrás. Como reza el dicho: "Lo pasado, pisado". Su único objetivo es alcanzar un futuro que sea mejor que su presente, y dicha actitud les permite ver mucho más allá de sus circunstancias presentes.

c. Desde hace un tiempo tengo el firme deseo de pasar a un nuevo nivel en mi vida laboral. Pero se me dificulta la es-

*pera y hay días en los que me desanimo bastante y no veo
nada bueno por delante.*

Cuando estamos determinados a promocionar en
algún área de nuestra vida, debemos estar dispuestos
a transitar un proceso que suele llevar tiempo. Si per-
sigues un sueño grande, ten en mente que, hasta el día
que lo veas convertido en realidad, tendrás que sopor-
tar un proceso de preparación o entrenamiento. ¿Y qué
significa esto? Básicamente cuatro puntos:

1. *Pasar tiempo a solas con uno mismo.* Es decir, mirar
    hacia adentro para conocernos y tener claro ha-
    cia dónde vamos.
2. *Aceptar los momentos de presión y emoción.* Estos no
    son otra cosa que un "período de desierto". Es
    cuando nadie nos contacta ni nos ayuda y nos
    sentimos solos y sin fuerzas. Aquí es fundamen-
    tal recordar que nada dura para siempre.
3. *Dejar de quejarnos y victimizarnos.* Evitemos dichos
    tales como: "Nadie me da una mano"; o "Estoy
    solo, sola". Se trata de una actitud inútil que solo
    nos mantiene más tiempo en ese lugar y no nos
    permite avanzar. Y, además, ¡nada se soluciona
    con la queja!
4. *Cambiar las ideas obsoletas por ideas innovadoras.*
    Todos funcionamos sobre la base de nuestras

creencias. Pero algunas ideas que ayer nos sirvieron hoy resultan ineficaces y es preciso reemplazarlas para seguir adelante.

Solo cuando estamos dispuestos a llegar al final de este camino de preparación, podemos lograr ser promocionados.

Entonces, ¿por qué la esperanza es una emoción nutritiva?

La esperanza es una emoción que apunta al futuro. Podemos pensar la esperanza como algo general. "Espero ser feliz", "Espero llegar al horizonte". Es decir, es una actitud por definición casi inalcanzable, casi una frase poética: "Quiero ser feliz". Este tipo de esperanza es generalizada, pero la esperanza como emoción nutritiva está anclada en el deseo. Un deseo es algo que quiero y eso es futuro. Siempre el deseo es futuro. Supongamos que tengo que presentarme a una entrevista de trabajo y tengo esperanza de que me va a ir bien. Es decir, espero algo. Ese deseo construyó una esperanza en mí. Cuando la esperanza está llena de elementos positivos es una emoción nutritiva.

Capítulo 5
La fe nutritiva

La fe es confiar y creer

La fe es una emoción que le permite al ser humano visualizar que un futuro mejor es posible y accesible a él. La fe mueve a la persona de la emergencia de lo cotidiano y le brinda la oportunidad de construir un futuro más allá del aquí y del ahora. Aquel que tiene fe posee la fortaleza interior para avanzar en la vida y dar lo mejor de sí mismo.

La fe, enmarcada en la espiritualidad, aminora, de cierto modo, los efectos de la adversidad: el dolor, la amargura, la pérdida, etc. Sin embargo, de ninguna manera la niega, sino que se convierte en la base de un mañana esperanzador frente a un presente difícil. Entonces, podríamos considerar a la fe como una emoción nutritiva, como el combustible que enciende y pone en marcha la resiliencia. Podemos decir que esta emoción es un importante componente de la re-

> *La fe consiste en creer cuando está más allá del poder de la razón creer.*
> **Voltaire**

siliencia, esa condición que nos permite volver a empezar después de las crisis. La fe no es un acto irracional, es decir, creer en cualquier cosa, sino que es una creencia (emoción) plenamente humana de características únicas. A través de ella, una persona se conecta con su mejor realidad: racional, afectiva y práctica.

"Desde una mirada psicológica, podemos decir que la fe es una experiencia que incluye tanto la confianza como la creencia, a pesar de que ciertos aspectos den lugar a la duda. Entonces, esta se apoya en el creer y es una función psíquica que está presente en toda actividad humana, desde las vivencias sencillas cuando somos niños hasta las ciencias más complejas" (Rizzuto, 1998). Aquí también podemos incluir las experiencias místicas donde el ser humano toma contacto con el Creador. Creer es aceptar algo sin tener suficiente evidencia mental que nos asegure que es verdadero. Es un acto que sobrepasa una simple idea. Por ello es que necesitamos entender la fe, no como una teoría ni como algo rodeado de misticismo, sino como una vivencia y una elección.

¿Se nace con fe o se adquiere?

Podemos decir que todas las personas nacemos con fe. Desde lo emocional, esta conduce al hombre a creer y las creencias se apoyan en lo cognitivo, lo cual le permite crecer y evolucionar hacia una transformación espiritual. Al observar la fe de un individuo, podemos deducir que está compuesta por un elemento que se conecta con el conocimiento, es decir *cognitivo,* y también por un elemento que se conecta con las emociones. Este último varía de persona en persona.

Cuando alguien expresa: "Tengo fe, sé que me va a ir bien", esto permite pensar en el más allá y en un futuro positivo en términos de esperanza. Es decir, que uno es capaz de sobrellevar el presente con menor carga de angustia.

A continuación, te comparto algunas respuestas de determinadas personas que fueron consultadas sobre la importancia de la fe en su vida, en momentos de gran sufrimiento:

1. "Cuando tengo un problema, me aferro de la fe. Para mí, es una herramienta que puedo usar cada vez que la necesito; y, cuando no la necesito porque las cosas van bien, la hago crecer".

2. "A los quince años aprendí que la fe era todo en mi vida, pues no podía tener esperanza si no te-

nía fe. La fe hizo que tuviera esperanza y me permitió decir: Mañana será otro día, voy a crecer y a lograr mis objetivos".

3. "La muerte de mi papá fue terrible. Sin embargo, mi fe me hacía seguir adelante. Ahora tenía que sacar fuerzas para sostener a mi familia".

4. "La fe es esa fuerza que nació en mi interior y me hizo creer que podía sacar a mi familia adelante".

Frente a un hecho traumático, la mayoría de las personas ponen de manifiesto esa fe, esa emoción nutritiva y poderosa que tienen y les genera pensamientos de bienestar y la esperanza de una vida mejor. Una vez que uno sabe que funciona, nunca deja de vivenciarla y ponerla en acción. Y ella nos ayuda a no estancarnos en el trauma o el sufrimiento, pues ubica el foco en el cambio. Esto hace que los niveles de estrés disminuyan considerablemente, permitiéndonos construir hacia adelante (al tener un sentimiento de esperanza).

La fe hace que todo sea posible... el amor hace que todo sea fácil.
Dwight L. Moody

El sello de la fe nos genera pensamientos de paz y una infinita confianza que, desde la lógica, tal vez, no tengan una explicación satisfactoria. Ese estado es el que aporta bienestar, afectando al ser humano en su totalidad, favoreciendo su sistema inmunológico y optimizando su salud.

Como verás, la fe es un tema simple y complejo a la vez. Todas las ciencias han pretendido entenderla, pero hoy podemos considerarla como una emoción nutritiva

> **La fe no es irracional y el conocimiento adquirido mediante la razón (creada por Dios) no anula la fe.**
>
> **San Agustín**

que nos fortalece a nosotros mismos y a quienes nos rodean. Si bien existen grandes diferencias entre la psicología y la religión, sobre todo debido al énfasis en el que cada una se apoya, comparten un punto en el objetivo que ambas persiguen: la preocupación por el ser humano para que este encuentre su verdadero propósito en la vida. El punto de encuentro entre estas ciencias podría resumirse en el hecho de que la religión lo aborda desde la relación hombre-Dios, mientras que la psicología lo hace desde la relación uno mismo-los otros.

Los niveles de la fe

Para el cristianismo, el término fe deriva del vocablo latino *fides* que quiere decir "creer". La fe consiste en la aceptación de lo que una persona dice, lo que supone entender y confiar que el otro es honesto y su palabra es verdadera. La base de la fe es la autoridad (el derecho de ser creído) del individuo en quien uno cree. Esta es posible al reconocer que esa persona conoce de lo que habla y es totalmente íntegra, motivo por el cual es incapaz de mentir.

La fe se convierte en divina cuando le creemos a Dios. Es humana cuando le creemos a otro individuo. Ambas clases de fe pueden convivir, pero se dan en distintos niveles. Podemos creer en Dios de manera absoluta, ya que Él posee todo el conocimiento y es totalmente veraz. La fe en Dios es una virtud que lo tiene como fin y objeto y es un regalo Suyo.

- *Fe en Dios*

Creer en Dios puede ocupar el lugar del conocimiento natural del Ser Supremo que poseen ciertas personas. La creencia acompaña este conocimiento cada vez que existe una relación religiosa entre el ser humano y Dios. A veces, la fe religiosa, que se adopta por tradición, es la única puerta de entrada a la divinidad. Esta clase de fe es muy original, pues la fe en Dios suele ser absoluta y sin condiciones.

> *La fe es creer lo que no ves; la recompensa de esta fe es ver lo que crees.*
> **San Agustín**

- *Fe interpersonal*

Este tipo de fe ocurre entre personas y se podría explicar como: "Yo creo en ti". El otro tiene personalidad:

nombre, rostro y actitud porque no teme mostrar su ser
interior. La fe interpersonal
es una manera de *conocer y*

> **No es una fe en la tecnología.
> Es fe en las personas.**
>
> **Steve Jobs**

encontrarse. Esta influye en todo el individuo, no solo
en aquello que dice. Es una entrega al otro, una aceptación mutua. A aquel que proporciona esta clase de fe
se lo conoce de forma muy diferente de como lo hacen
la psicología, la medicina, la sociología, etc., que consideran al ser humano como un "objeto". La relación que
estas ciencias tienen con quien es objeto de análisis, a
pesar de tener la intención de convertirla en personal,
dura solamente lo que dura la investigación, el tiempo
en que está "arrojado allí" [*obiectum*]. En cambio, la fe
personal accede permanentemente al misterio del individuo.

¿Cómo hacer para desarrollar esta emoción nutritiva?

La fe no tiene camino.
Simplemente debemos sol-
tarla y ponerla en funcionamiento en aquello que queremos que suceda. El camino se irá haciendo a medida
que nos movemos.

> **La fe sube las escaleras que
> el amor ha construido y mira
> por la ventana que la esperanza
> ha abierto.**
>
> **Charles Spurgeon**

La fe se activa hablando. Habla sobre tus sueños, tus

metas, tus proyectos, tu familia, tus hijos. Hazlo sin temer y sin dudar.

La fe nutritiva cuenta siempre con un motivo para no claudicar.

La fe nutritiva no escucha lo que la vergüenza le habla y se ríe de sus equivocaciones.

La fe nutritiva nos empuja a creer en nosotros mismos.

La fe nutritiva aprecia solamente los dichos de fe, acepta aquello que nos acepta, rechaza aquello que nos rechaza y no tiene expectativas puestas en nada ni en nadie.

El que no tiene fe es el que se despide cuando el camino se oscurece.
J. R. R. Tolkien

La fe tóxica se mueve por palabras negativas; mientras que la fe nutritiva lo hace por palabras positivas.

Algunas preguntas...

a. *Cada día que me despierto lo vivo con una gran ansiedad, tengo miedo de lo que pueda pasarme a mí o a mis seres queridos, y no sé cómo hacer para liberarme de esta sensación.*

¿Sabías que el arma más poderosa que existe es la palabra? Nuestras palabras tienen la capacidad de construir y de destruir. Hay un arma en tu boca y te animo a utilizarla siempre; en especial, cuando estés pasando por problemas. Por lo general, cuando uno no está bien, expresa: "¿Por qué me pasa esto a mí?". En el interior de cada ser humano, hay un espíritu (también llamado corazón o ser interior) que es nuestra parte más profunda, y es el terreno donde funciona la fe.

Con las dificultades que todos enfrentamos a diario, nuestro ser exterior (el alma y el cuerpo) se va desgastando. Pero la buena noticia es que nuestro ser interior, nuestro espíritu, posee la capacidad de renovarse a diario. ¿De qué manera? Hablando positivamente. Entonces, ¿qué deberías decir cuando sientes ansiedad? "No me doy por vencido"; "Mi fe es más grande que mis temores"; "Esta situación, tarde o temprano, pasará"; "Todo lo que hago me sale bien". Cuando haces este tipo de declaraciones, creyendo que son ciertas, aunque por fuera las cosas estén difíciles, por dentro te estás renovando. La palabra que hablamos con fe no nos libra de los problemas, las presiones o las emociones negativas; pero nos provee la fuerza para enfrentarlos y superarlos. Lo externo no le habla a lo interno; lo interno le habla a lo externo, y lo transforma.

b. *A veces tengo la sensación de que todo me sale mal, de que no tengo suerte en la vida; y mucho más cuando miro a mi alrededor y veo que a otros la vida parece sonreírles todo el tiempo.*

El psicólogo e investigador inglés Richard Wiseman escribió un libro sobre la buena suerte y la mala suerte llamado *Nadie nace con suerte*. Estudió, durante diez años, a 4.000 personas y descubrió que la gente con buena suerte o positiva "hace cosas para que le vaya bien"; mientras que la gente con mala suerte o negativa "hace cosas para que le vaya mal". Llegó a la conclusión de que la gente exitosa "atrae" lo bueno con su actitud. Las buenas actitudes atraen cosas buenas. Estas son las conclusiones que obtuvo del estudio realizado:[20]

- *A las personas positivas les encanta aumentar sus relaciones con otros.* Es decir que coleccionan gente. La buena suerte no es otra cosa que la capacidad de conectarnos y socializar con la mayor cantidad de gente posible. ¿Por qué? Porque las cosas buenas están escondidas en las personas que nos rodean; pero ¿cómo las recibiremos, si no tenemos contacto con nadie?
- *Las personas positivas escuchan su intuición.* Son personas que escuchan su voz interior: la intuición, la cual es "sé que sé, pero no sé cómo lo sé". Por lo general, las mujeres son más intuitivas que los varones, porque ellas observan más que nosotros

---

20 Wiseman, R. (2003). *Nadie nace con suerte*. Ediciones Martínez Roca.

y guardan experiencia en el cerebro. Seguramente guardaste al que te engañó o al que te trató mal, y después todo ese conocimiento sale como intuición.

- *Las personas positivas ven las oportunidades porque están relajadas.* La gente negativa declara lo que necesita; en cambio, la gente positiva expresa: "Que sea lo que Dios quiera", ¡y logra todo lo que se propone! No funcionan con visión de túnel, que es la visión del estrés, sino con visión relajada; y, cuando uno está relajado, ve todo el panorama y captura las oportunidades.

- *Las personas positivas tienen expectativas altas sobre su futuro.* No niegan la realidad, sino que la aceptan, y confían en que vendrá algo mejor. Es decir que son personas de fe. Una de las frases que más repiten es: "Podría haber sido peor". Su expectativa del día de mañana es positiva y, ante las cosas negativas, creen que podrían haber sido peores. La fe es el recurso más extraordinario para que nos vaya bien en la vida, porque es la certeza de que lo que esperamos con paz sucederá; la convicción de que algo bueno que todavía no vemos vendrá.

c. *Me diagnosticaron una enfermedad y me cuesta pensar en positivo para lograr salir adelante.*

En casos como este, necesitamos recordar que nuestras primeras palabras son muy importantes. Cada vez que recibimos una mala noticia o un diagnóstico que no esperábamos, lo primero que vamos a decir, deberíamos pensarlo bien. ¿Y cómo lo hacemos? Hablando con fe. Muchas veces nosotros hablamos lo que sentimos. Pero lo mejor que podemos hacer para encauzar nutritivamente la vida en todas las áreas donde nos movemos es elegir sabiamente lo que vamos a decir. No hablemos por hablar, no hablemos de lo que pensamos, sentimos o vemos. Escojamos las mejores palabras y declaremos siempre que lo mejor está por venir, en especial en medio de circunstancias adversas.

Entonces, ¿por qué la fe es una emoción nutritiva?

La fe es una convicción, una certeza que no se discute. La fe nos recorre como humanos: un padre tiene fe en su hijo, un hombre o una mujer tiene fe en su pareja, un individuo tiene fe en sus amigos porque es un vínculo que no se discute. Tengo fe y punto. La fe no admite dudas, es una emoción nutritiva que nos lleva a una convicción. Por ejemplo, puedo afirmar: "Soy hincha de X equipo de fútbol". ¿Por qué? No lo sé bien, pero es una emoción que me surge, que va más allá de una explicación. Es una seguridad, una convicción indiscutible, que se tiene o no se tiene.

CAPÍTULO 6
El entusiasmo nutritivo

El entusiasmo es el combustible del descubrimiento

El entusiasmo es una llamarada de luz, un farol que ilumina en la noche, una brújula que guía. Además, posee un elemento de alegría, razón por la cual podríamos decir que lo contrario al entusiasmo es el aburrimiento. El entusiasmo se activa por algún factor interno o externo. Por ejemplo, nos entusiasma un viaje; o quizás una melodía porque esa música nos evoca algo, nos recuerda una etapa feliz de nuestra vida. Para entenderlo mejor debemos también comprender el aburrimiento. Supongamos que le regalamos a nuestro hijo un robot. Cuando toca el botón A, el juguete toma la forma de un tractor. Luego, cuando toca el botón B, se convierte en un "*transformer*". Le resulta interesante al principio, pero después de un rato, lo deja abandonado en un rincón. ¿Por qué? Porque se aburrió. El niño no lo puede

> *Los grandes logros del hombre son el resultado de la transmisión de ideas y entusiasmo.*
> **Thomas J. Watson**

mejorar, no recibe nuevos estímulos. Es decir, el entusiasmo es la recuperación de algún estímulo. Así, nos entusiasmamos cuando nos vamos a encontrar con un amigo o amiga para tomar un café, o cuando nos vamos a comprar un libro que hace mucho que queremos leer. La expectativa generó una luz; por eso, los estímulos constantes generan entusiasmo.

A partir del entusiasmo, surge la motivación: motivo y acción. Y este entusiasmo, junto con la motivación, es una de las características que comparten la mayoría de los exitosos que son personas apasionadas. Muchos de ellos no pasaron por la universidad y, sin embargo, viven con pasión. La pasión es el combustible que nos permite descubrir el propósito, avanzar y llegar a la cima. Un apasionado, por lo general, logrará aquello que se propone y, a pesar de los obstáculos que se le puedan presentar, no se quedará a mitad de camino. Necesitamos alimentar la pasión a diario para que esta no se apague pronto. ¿Sabes qué es lo que te apasiona en la vida? ¿Qué cosas te emocionan? ¿Qué cosas te entusiasman? Alguien dijo que los dos días más maravillosos de una persona son el día en que nace y el día en que descubre su misión en esta Tierra. En eso consiste la pasión: en ser conscientes de para qué estamos aquí. Si deseamos alcanzar el éxito en todas las áreas de la vida, necesitamos aumentar nuestro nivel de entusiasmo. Pero no debemos descuidar otros aspectos. Porque, ¿de qué nos sirve llegar a la cima si en el camino perdemos la salud o a nuestra familia o a nuestras amistades? ¿De qué sirve, por ejemplo, lograr la empresa soñada, si nos perdemos de ver crecer a nuestros hijos y, ya grandes, ellos no quieren saber nada con sus padres? Ten presente que no se trata de sumar solo objetivos cumplidos, sino también de disfrutar del camino.

El entusiasmo se paga muy bien

Mucha gente es entusiasta por naturaleza. Necesitamos entusiasmo para funcionar bien y obtener resultados. Pero, si no somos "naturalmente entusiastas", siempre podemos practicar y aprender a desarrollar el entusiasmo.

¿Qué significa tener entusiasmo? No es sonreír todo el tiempo, ni tener "cara de feliz cumpleaños". La alegría interna, que no depende de lo que sucede afuera, consiste en esperar siempre algo grande, es decir, lo mejor que la vida tiene para ofrecernos. Esta actitud, que uno mismo decide adoptar, genera entusiasmo y el entusiasmo es gratificante.

> *El entusiasmo es el vapor que impulsa el motor.*
> **Napoleon Hill**

Quiero compartirte en las próximas líneas dos características que tiene la gente entusiasmada que pueden ayudarte a comprobar el grado de entusiasmo en tu vida:

a. La gente entusiasmada habla "fe"

Hablar fe no tiene nada que ver con la religión. Implica tres palabras. La primera es *yo*. Suceda lo que suceda a su alrededor, la gente entusiasmada expresa: "Yo, sí"; "Me van a llamar a mí"; "Hoy me va a suceder algo bueno"; "Yo lo voy a lograr". Aprende a decir: "Esto es para mí", lo cual no es una actitud egoísta, sino entusiasta frente a la vida con sus desafíos. La gente de fe expresa: "Voy a tener éxito en lo que emprenda" porque tiene buena autoestima y conoce tanto sus puntos fuertes como sus debilidades. Cuando alguien te diga: "Tú, no", responde: "Yo, sí".

Joshua Bell, uno de los mejores violinistas del mundo por el que la gente paga mucho dinero para acudir a sus conciertos, hizo un experimento que se puede ver

> *Hay una magia real en el entusiasmo. En él se explica la diferencia entre la mediocridad y los logros.*
> **Norman Vincent Peale**

en YouTube. Este hombre se fue a una estación de subte disfrazado, sacó el violín y empezó a tocar. La gente pasaba por al lado y tres o cuatro personas se detuvieron a escuchar y le dejaron unas monedas. Al rato, se quitó el disfraz y se dio a conocer. Pagan cientos de dólares para escucharlo en un teatro pero, cuando estaba en el subte, disfrazado, la mayoría de la gente no le prestaba atención. Por eso, que no te importe la opinión de la gente y llénate de entusiasmo.

La segunda palabra es *acá*. Muchos dicen: "Cuando cambie de trabajo, voy a estar mejor". ¡No! Justo allí donde estás plantado, te va a ir bien. En esa familia, en ese empleo, en ese barrio. No siempre hace falta moverse para tener éxito, sino simplemente cambiar nuestra actitud y creer que, donde estamos, vamos a crecer y progresar.

Y la tercera palabra es *ahora*. La gente entusiasmada dice: "Es a mí, es acá y es ahora". No mañana, ni "cuando tenga pareja", ni "cuando tenga hijos", ni "cuando cambie la situación del país". Ahora mismo nos puede ir bien, si escogemos una actitud entusiasta. Hay cosas que hay que hacer ahora, sin esperar a que algo cambie afuera. Siempre es posible ser feliz en el presente porque quizás mañana no tenga la oportunidad que hoy tengo frente a mí.

b. La gente entusiasmada persevera

El lema del perseverante es: "Me duele, pero no me detiene". Al psicópata no le duele. Por eso, no se detiene. Como nosotros no somos psicópatas, nos duele; pero, aun así, seguimos adelante. Siempre suceden cosas que nos hieren, porque no podemos controlar lo que los demás hacen; pero sí podemos tomar la decisión de quedarnos a vivir en el sufrimiento o de aprender de este y seguir adelante. El entusiasmo nos provee la fuerza para no detenernos, aunque algo nos lastime.

> *Imposible es una palabra que solo se encuentra en el diccionario de los necios.*
> Napoleón Bonaparte

¿Anhelas más entusiasmo en tu vida? Habla fe: yo, aquí y ahora. Y persevera. Jamás te detengas, aunque te hayan abandonado o traicionado o engañado, y eso te duela. Resuelve rápido los conflictos y haz cada día algo nuevo, distinto, que quiebre tu rutina. Cuida el entusiasmo en tu vida porque el entusiasmo rinde muy buena cosecha. ¡Espera siempre lo mejor!

El entusiasmo es el combustible del descubrimiento

Perdemos la fuerza, el entusiasmo, cuando perdemos el futuro. La vitalidad no tiene nada que ver con la edad. Por eso, cuando una persona me comenta: "Ya estoy grande, no tengo energía, me duele todo el cuerpo; por eso, no tengo la fuerza que tenía antes", le respondo: "Eso es falso". He visto más personas jóvenes sin vitalidad que personas de edad avanzada. Existe gente mayor que tiene el cuerpo desgastado, pero que posee una fuerza interior maravillosa; y también hay muchos jóvenes con su cuerpo intacto que parecen personas mucho más avejentadas. La fuerza

> *Los años arrugan la piel, pero renunciar al entusiasmo arruga el alma.*
>
> **Albert Schweitzer**

no se relaciona con la edad, sino que es una actitud interna, algo que viene de nuestro interior. Perdemos el entusiasmo cuando perdemos el futuro.

¿Cuál sería, entonces, el secreto del entusiasmo? Pues, ni más ni menos que la manera en que manejamos nuestras vivencias. Sobre todo si hemos aprendido a tolerar la frustración y a superar las dificultades que siempre aparecen en el camino de la vida. Y no debemos olvidar, además, el buen hábito de ser agradecidos en todo, en lo grande y lo pequeño, en lo positivo y lo negativo, que poseemos y experimentamos.

La clásica fábula "La liebre y la tortuga" cuenta que estos animales aceptaron disputar una carrera. Como la liebre era más rápida que su contrincante, decidió echarse a dormir, convencida de que su victoria estaba asegurada. La tortuga, en cambio, era lenta, pero fue perseverante y llegó a destino antes que su rival. No importa en qué etapa de tu vida te encuentres, ¡lo que realmente vale es la perseverancia y el entusiasmo que decidas tener!

¿Por qué perdemos fácilmente el entusiasmo?

¿Te propusiste algo que todavía no pudiste lograr? A todos nos ha sucedido. Cuando nos proponemos algo (empezar un negocio, conseguir una pareja, tener un hijo, hacer un viaje, terminar el secundario, etc.), lo hacemos con mucho entusiasmo. Ese entusiasmo es muy bueno, ya que indica que disfrutamos de salud emocional, ganas, empuje. Muy diferente es la situación de aquellas personas que no quieren hacer nada porque están deprimidas, angustiadas, sin fuerzas, y no visualizan algo agradable para su futuro ni tienen deseos de soñar. Por eso, fijar metas y tener sueños es una señal de buena salud.

> *El entusiasmo es el pan diario de la juventud. El escepticismo, el vino diario de la vejez.*
> **Pearl S. Buck**

Sin embargo, transcurrido un tiempo, muchas veces vemos que todas esas cosas que nos propusimos no llegan a convertirse en realidad, no se concretan: ese hijo que querías tener no llega, esa puerta laboral que parecía abrirse se cierra, la pareja que soñaste no aparece, el negocio fracasa antes de empezar... ¿Alguna vez te propusiste algo que nunca pudiste concretar? Cuando esto sucede generalmente comenzamos a angustiarnos. También muchas veces no llegamos al final por nuestra propia desmotivación, la cual suele estar asociada al miedo a equivocarnos. Es decir, al error, el cual hiere nuestra autoestima. En este caso, juego a no perder, no juego a ganar. Cuido mi estima del error, es decir, no quiero equivocarme, ya que esto sería una herida a mi yo. Entonces, lo magnifico como si se tratara del fin del mundo o la última de todas mis opciones. De esta manera el entusiasmo decrece. Pero no se trata de que lo que hiciste esté mal, sino de que hay cosas que te faltaron hacer, que no realizaste y deberías haber hecho.

La acción produce entusiasmo

Cuando te propones algo, debes hacerte dos preguntas: "¿Qué hice?" y "¿Qué no hice?". Solemos preguntarnos qué hicimos mal, pero las preguntas correctas son qué hicimos y qué no hicimos, porque tal vez todo lo que llevamos a cabo para lograr ese objetivo estuvo bien y el conflicto radica en lo que todavía no se llevó a cabo. Supongamos que quiero cambiar de trabajo para ganar un poco más de dinero. Entonces, me pregunto: "¿Qué hice?". Envié currículums, les pregunté a mis amigos si sabían de algún puesto vacante, busqué en los avisos clasificados, pero no logré encontrar otro trabajo. Es momento de preguntarme: "¿Qué es lo que no hice?", porque, si hago lo que aún no hice, tal vez alcance el resultado deseado. Quizá no tomé un curso para capacitarme mejor y perfeccionarme. Si mejoro mi

> *No dejes apagar el entusiasmo, virtud tan valiosa como necesaria; trabaja, aspira, tiende siempre hacia la altura.*
> **Rubén Darío**

trabajo actual, podría hacerlo más eficazmente y apreciarlo más; incluso mi jefe podría cambiarme de sección y aumentarme el sueldo.

A veces, no se trata de que lo que hiciste está mal, sino de que hay cosas que te faltaron hacer, que no realizaste y deberías haber hecho.

Por otra parte, siempre encuéntrale un propósito a todo lo que hagas. Cada vez que realices una tarea, pregúntate: "¿Esto tiene que ver con mi propósito o simplemente lo estoy haciendo porque me gusta? ¿Es pura adrenalina o tiene destino? ¿Esta tarea que estoy realizando me está llevando a algún lugar o, al hacerla, no consigo nada, me aburro y me frustro?". Es importante que puedas responder estos interrogantes porque, cuando hacemos algo con propósito, todo cobra sentido. Busca el propósito a aquello que un día compraste y ahora está almacenado en tu casa. Podría ser el caso que hayas terminado algún curso y guardaste el título en un cajón. Saca a la luz todo eso que aprendiste porque seguramente tiene un propósito.

La imaginación produce entusiasmo

Imagina escenarios, ya que esto genera creatividad. Vislumbrando escenarios fue como se construyeron las grandes pirámides o se prepararon las comidas más exquisitas. ¡Alguien imaginó todo lo que vemos hoy! La imaginación afecta nuestra fisiología, nuestra psicología y nuestro espíritu.

El escritor Stephen King no siente miedo cuando escribe sus historias de terror; él no se pasa la noche en vela por el temor que le ocasionan sus escritos. Mientras que el miedo es "imaginación *sin* fe", la motivación es "imaginación *más* fe". Por ejemplo, si imagino mi vejez "sin fe", sentiré temor; pero si, en cambio, la imagino "con fe", me sentiré motivado.

> **En los momentos de crisis, solo la imaginación es más importante que el conocimiento.**
> **Albert Einstein**

Todos los seres humanos somos muy sugestionables; es por eso que, si vemos una película de terror, podemos llegar a escuchar ruidos extraños, pues estamos más sensibles… ¡nos da miedo incluso subir al primer piso de casa a buscar algo que dejamos allí! ¿Por qué nos ocurre eso? Porque la imaginación sin fe entra en curso. Leí de una investigación en la que pedían a los participantes que evaluaran a otras personas. Se los separó en dos grupos: uno sostenía una taza de café caliente y el otro, una taza de café frío. Los que tenían la taza de café caliente evaluaron a los demás como más "cálidos" y los otros, como más "fríos". Una simple taza caliente o fría afectó su percepción.

Visualiza un sube y baja. En un extremo está el miedo y, en el otro, la motivación; si uno sube, la otra baja. Entonces, a más miedo, menos motivación; y a más motivación, menos miedo. El filósofo austríaco Peter Drucker explica que lo peor que nos puede pasar es subir la escalera, llegar arriba y darnos cuenta de que colocamos la escalera en la pared equivocada. No se trata de alcanzar el éxito porque de nada nos sirve alcanzarlo si en el camino vamos perdiendo cosas o personas valiosas. Recuerda: no se trata de llegar a destino, sino ¡de disfrutar del camino!

Algunas preguntas...

a. *Me cuesta mucho entusiasmarme con cosas nuevas, siento que nada va a superar lo que viví en un tiempo de mi vida.*

Vivir anclados en el pasado, en el "todo tiempo pasado fue mejor", nos hace vivir en un estado de angustia y desesperanza. Cuando no vemos que nada bueno va a llegar, es normal no sentir entusiasmo. Muchos dicen, por ejemplo: "Me pone triste acordarme de cuando mis padres se separaron". Hay recuerdos que nos provocan tristeza; no obstante, es importante permitirnos recordar, atravesar esos recuerdos. No tenemos que escapar de ellos, no es bueno evadirlos. "No quiero hablar de eso porque me pone muy mal", decimos; pero, si no nos permitimos hablarlo, nos seguiremos "poniendo mal" internamente. Cuando lloramos, cuando hablamos respecto a eso que nos causa tristeza, ¡qué gran alivio sentimos! Los seres humanos no somos solo recuerdos ni historia, también somos proyectos. ¡Por eso nuestros ojos no están en la nuca y miran siempre hacia adelante! Está bien ir "al sótano", pero no podemos quedarnos toda la vida acomodándolo, necesitamos construir hacia adelante porque, al hacerlo, estaremos construyendo entusiasmo, esta emoción tan nutritiva. Está permitido tener nostalgia de vez en cuando, el "¿te acuerdas, hermano, qué tiempos aquellos?", pero no debemos anclarnos en ella, sino seguir construyendo para adelante.

b. ¿Cómo se hace para ser una persona más entusiasta?

Frente a esta pregunta quiero compartirte tres herramientas prácticas para tener más entusiasmo y vivir cada día un poco mejor:

1. Técnica de "la llave"
Busca una frase que te motive, que sea significativa y que puedas utilizar en cualquier circunstancia, y verbalízala. Todos tenemos alguna frase que es una "llave". Una de mis favoritas, que uso cuando siento an-

siedad, es: "¿Qué puedo hacer?". Esa llave me conduce enseguida a la acción.

2. Técnica del "otro"

Imagina que ese problema que tienes lo tiene un amigo tuyo y debes aconsejarlo. ¿Qué le dirías? Esta técnica tan sencilla te lleva a tomar distancia del problema y verlo en el otro. Aconsejar a otro siempre es más sencillo porque, cuando estamos distanciados emocionalmente del compromiso de la crisis, nos es mucho más fácil tener mayor objetividad.

3. Técnica del "enfriamiento"

Cuando sentimos cierta perturbación emocional, podemos llevar a cabo alguna actividad que nos brinde placer. Mirar fotos, ver una película, salir a caminar y cualquier acción que nos genere más dopamina y oxitocina puede funcionar. Esto disminuye la ansiedad y, cuando eso ocurre, hay visión amplificada, lo cual nos permite tomar mejores decisiones.

c. *Últimamente parece que estoy siempre triste y no hay nada que me entusiasme. ¿Cómo puedo superar la tristeza?*

Estar mal de ánimo afecta todas las áreas de nuestra vida. La depresión produce falta de ánimo para terminar las cosas, carencia de motivación, desesperanza, etc. Nos hace ver el pasado muy oscuro, y el presente y el futuro muy difíciles. De acuerdo con las diferentes circunstancias que nos toque atravesar, es normal estar triste, llorar, angustiarse o sentir bronca. Nos sucede algo desagradable o triste y nos "bajoneamos". Entonces, ¿qué es lo que hay que hacer cuando estamos tristes para recuperar el entusiasmo? Por ejemplo, si estoy triste porque recuerdo que mi papá me dijo algo que me afectó, necesito trabajar sobre ese tema. ¿Y cómo se hace? Hablando. La palabra tiene un poder extraordinario, nos distingue como especie. Necesitamos hablar, contar, expresar, escribir lo que nos pasa. Tenemos que enfrentar la emoción y no escapar de ella. A la tristeza no hay que ahogarla ni adormecerla, sino enfrentarla, elaborarla, verbalizarla. Y, poco a poco, comenzar con pequeños cambios que nos llevarán a entusiasmarnos con nuevos sueños y metas.

Entonces, ¿por qué el entusiasmo es una emoción nutritiva?

El entusiasmo es una emoción nutritiva debido a que es la fuerza interior que nos conduce a una acción, y esta última nos permite alcanzar una meta. *Motivo y acción*. Tengo un motivo que me hace accionar. Y, básicamente, la motivación puede ser dividida en tres tiempos:

1. *Me cuesta arrancar.* Probablemente, el deseo de lo que quiero lograr no es lo suficientemente fuerte. Por ejemplo, voy a la universidad a estudiar, pero, luego de cursar dos materias y de que el profesor no me haya tratado como lo esperaba, abandono. En realidad, el deseo de seguir esa carrera no era tan fuerte en mí. Muchas veces perseguimos sueños ajenos. Las preguntas para hacernos deberían ser: ¿Esto es realmente mi pasión, o lo hago por presión externa? ¿Verdaderamente quiero lograr esta meta en mi vida?

2. *Tengo miedo a fracasar a mitad de camino.* En este momento, no estoy ni al comienzo ni al final del trayecto. Pero sentirse así es normal cuando hemos perdido el entusiasmo. ¿Qué necesitamos cuando llegamos a este punto? Personas que nos motiven, amigos que nos alienten: "¡Lo vas a lograr! ¡No te detengas ahora!". Se corre mejor en grupo que en soledad. Necesitamos, a mitad de camino, motivadores externos que pueden ser: "Quiero comprarme la casa propia"; "Deseo recibirme de..."; "Quiero ese ascenso en el trabajo", etc. Estos anhelos nos ayudan a atravesar con fuerza el resto del trayecto hasta llegar a destino.

3. *Abandono cuando ya lo estoy alcanzando.* Algunas personas abandonan una carrera cuando están a solo dos o tres materias de recibirse, luego de ha-

ber estudiado y haberse esforzado durante cuatro o cinco años. Este abandono puede deberse a dos razones: a) "No me veo en un nuevo lugar" o "No me siento en condiciones de...". Claramente, cuando cerramos una etapa y empezamos una nueva, es normal que surja la ansiedad. Así es como podemos quedarnos atascados en ese lugar por temor a no sentirnos capaces de afrontar la nueva etapa. b) Por culpa: "No me permito disfrutar esa bendición por la que tanto trabajé porque me siento culpable por algo que hice".

Los seres humanos experimentamos ciclos de motivación y de entusiasmo. Algunos son breves y duran solo unos días o unas semanas; otros son más largos, como estudiar una carrera durante años. Deberíamos identificar las diferentes fuerzas internas que nos mueven. En algunas ocasiones nos desmotivaremos más rápido que en otras. En resumen, para mantener un entusiasmo nutritivo necesitamos de dos ingredientes: motivo y acción. Tengo un motivo que me ayuda a arrancar. Un pequeño cambio puede ser el comienzo de un gran resultado.

CAPÍTULO 7
El asombro nutritivo

El asombro es una emoción fundante

Desde pequeños comenzamos a preguntarnos por el origen de las cosas. La ciencia y la filosofía también nacieron de cuestionarse por el origen de las cosas. Podríamos decir, entonces, que el asombro frente al descubrimiento es una emoción fundante, primaria. Es, tal vez, la gran emoción nutritiva. Recientemente escuché a muchas personas realizar la siguiente afirmación: "Ya nada me asombra". Todavía conservo una bolsita de tela con la que iba al jardín de infantes. Tiene bordado mi nombre. En esta, solía llevar mi taza y algunas galletitas. También tengo guardados algunos juguetes con los que jugaba y me divertía, como las bolitas chinas. ¿Por qué menciono esto? Porque el asombro es una de las emociones más poderosas que existen. El asombro es lo que nos ha permitido construir conocimiento a lo largo del tiempo. El asombro frente a la naturaleza

> *El misterio crea asombro y el asombro es la base del deseo del hombre de comprender.*
> **Neil Armstrong**

ha llevado a muchos a preguntarse: "¿Quién creó este planeta llamado Tierra?". También a observarnos como seres humanos y a cuestionarnos: "¿De dónde venimos? ¿Quiénes somos? ¿Hacia dónde vamos?".

Jennifer Stellar, profesora adjunta en la Facultad de Psicología de la Universidad de Toronto Mississauga, se ha especializado en las emociones "prosociales". Entre ellas, podemos mencionar la gratitud, la compasión y el asombro. Ella afirma, en base a los estudios que llevó a cabo, que dichos sentimientos nos ayudan a sentirnos bien.[21] Otros estudios realizados por Melanie Rudd, profesora adjunta de la Universidad de Houston, informó de casos donde el asombro hizo que la percepción del tiempo se estirara. Debido a este descubrimiento se dedicó a estudiar el tema por su cuenta y corroboró este hecho. Según ella, cuando sentimos asombro, más que cualquier otra emoción, estamos menos impacientes y tenemos la sensación de que disponemos de más tiempo para nosotros.[22]

El doctor y coach José Luis Fuentes se concentró en la conexión que existe entre el asombro y la sabiduría. También en ciertas condiciones que tienen la capacidad de

21 https://lamenteesmaravillosa.com/asombro-emocion
22 Ibídem.

activarlo, tales como ser humilde, ser agradecido, observar lo que nos rodea y valorar aquello que observamos.[23]

El asombro barre con todas las emociones. Uno puede estar angustiado, triste, deprimido o aburrido; pero el asombro hace desaparecer cualquier sentimiento que estemos experimentando. Este consiste en un nuevo descubrimiento, un nuevo camino, un despertar. Es ver algo por primera vez, como

Si no te ha sorprendido nada extraño durante el día, es que no ha habido día.
John Archibald Wheeler

nunca antes lo habíamos visto, al igual que un niño, aunque ya seamos adultos.

El asombro no se trata de una emoción sencilla, pues puede surgir frente a una gran cantidad de estímulos y vivencias maravillosas (Schinkel, 2020), que logran llevar la atención de la persona al exterior y hacerla consciente de que está incluida en algo superior que trasciende su entendimiento (Allen, 2018).[24]

Curiosidad no es asombro

La curiosidad es distinta del asombro. Podríamos decir que es una herramienta de exploración, así como

23 Fuentes, J. L. (2020). "El asombro: una emoción para el acceso a la sabiduría", *Revista Española de Pedagogía*, 79 (278), 77-93.
24 Ibídem.

el bebé se palpa con el fin de descubrirse. Es un impulso por querer saber, lo cual lleva al niño a mover los músculos y a indagar. Es cavar en la realidad.

> *El aburrimiento se cura con curiosidad. La curiosidad no se cura con nada.*
> **Dorothy Parker**

Todos los niños son aprendices arqueológicos, pues tienen la curiosidad y la acción de un "arqueólogo amateur" que extiende su mano para avanzar. Podemos decir que la curiosidad es un fenómeno, una actitud de descubrimiento, una "pala" que lleva a cavar en la realidad para que entonces tenga lugar el segundo paso: el asombro.

Ahora, la curiosidad dio un salto; esta pala que cavó en la tierra hizo un descubrimiento, encontró algo allí: "un hueso", un asombro limitado sobre algo. Se produjo el "efecto ¡wow!". Necesitamos saber que existen grados de asombro. La curiosidad es el instrumento por el que cavamos en la realidad. No hay asombro sin curiosidad. El asombro es una emoción que invade, pero que nunca logramos descubrir totalmente. Siguiendo la analogía, ese hueso que se descubrió es solamente un eslabón de una cadena infinita de descubrimientos.

> *Recuerde que las cosas no siempre son como parecen ser... La curiosidad crea posibilidades y oportunidades.*
> **Roy T. Bennett**

Entonces, tenemos:

Curiosidad ⟶ Asombro

Avancemos un poco más… luego de que se produjo el asombro del descubrimiento, podemos entrar en otro nivel: la contemplación. Imagina escuchar una melodía o visualizar las Cataratas del Iguazú. La contemplación es una meditación sobre la escena que vemos y sobre el autor. Podemos pensar que esta es un salto cualitativo del asombro. Tal vez yo esté escuchando y no me cuestione nada al respecto, o tal vez esté observando un paisaje y la contemplación me lleve a nuevas preguntas. Este efecto de nuevos interrogantes me inducirá a la curiosidad y a un nuevo asombro.

> *Asombro: lo más elevado a que puede llegar el hombre.*
> **Johann Wolfgang von Goethe**

Ahora tenemos:

Curiosidad ⟶ Asombro ⟶ Contemplación

El estado de contemplación es un asombro. Imaginemos que estamos mirando una obra de arte, la vemos durante unos minutos y nos vamos; mientras que otra persona permanece absorta contemplándola y preguntándose sobre aquello que contempla y sobre su autor. Una de las personas miró y se fue, pues

> *Mientras que para la sociedad no existe mayor pecado que la vida contemplativa, los más cultos opinan que la contemplación es la ocupación natural del hombre.*
> **Oscar Wilde**

vio un cuadro y no tocó la trascendencia; mientras que la otra sí lo hizo. La contemplación puede llevarnos a un estado mayor llamado trascendencia.

Ahora tenemos:

Curiosidad → Asombro → Contemplación → Trascendencia

En este punto cabe señalar algo importante: no es común y solo unos pocos llegan a la contemplación y a la trascendencia. Aquellos que trascendieron es porque avanzaron más. Ahora bien, ¿cómo podemos pasar del asombro a la contemplación? Imaginemos que nuevamente estamos mirando un cuadro. Lo vemos y con

> *Trascendencia: aquello que trasciende la experiencia.*
> **Franz Grillparzer**

unos minutos alcanza para admirarlo; a continuación, llega un especialista en obras de arte y nos empieza a dividir el cuadro en fragmentos y nos muestra la luz, la sombra, los personajes, etc. De este modo, cada porción va cobrando un sentido. La naturaleza no es lo único que nos puede asombrar. Los humanos activamos esta emoción frente a acciones bondadosas como el sacrificio personal, el amor que no espera nada a cambio, la entrega desinteresada, la ayuda solidaria. Acciones que nos producen admiración y valoramos grandemente. También sentimos asombro frente a lo que el hombre es capaz de crear, ya sea que se trate de una teoría, una filosofía o una obra de arte. Maravillas como un cuadro de Velázquez, la Capilla Sixtina, una composición de Mozart o Beethoven o un poema de santa Teresa de Jesús, han llevado a muchos a experimentar una sensación en el cuerpo o a derramar algunas lágrimas debido a la admiración que producen.

> *El asombro es el principio de la sabiduría.*
>
> **Sócrates**

En resumen, el asombro es el resultado de la grandeza percibida que supera el psiquismo de un individuo porque quiebra sus estructuras frente a un hecho inesperado y diferente de todo lo ordinario vivido anteriormente en el mundo. Eso hace que deba reacomodarse a nivel psicológico frente al objeto observado (Keltner y Haidt, 2003).[25] Así, entonces, la contemplación empieza a producirse, la trascendencia aparece y el asombro invade.

Recuerdo, en la época que yo tocaba el clarinete, el día en que por primera vez mi maestro me explicó cómo era la música de jazz: la melodía, la improvisación de

---

25 Fuentes, J. L. (2021). "El asombro: una emoción para el acceso a la sabiduría". Awe: *An emotion for accessing wisdom*. *Revista Española de Pedagogía*, 79 (278), 77-93.

cada instrumento y la de todos juntos, para volver a la melodía. Después de eso, escuchar jazz fue totalmente distinto para mí. Entonces podía escuchar lo que antes no escuchaba o ver lo que antes no veía. Lo mismo sucede con una jugada de ajedrez donde uno ve solamente jugadas, pero el experto ve mucho más que nosotros. Si consideramos una pirámide invertida, la curiosidad vendría a ser la parte ancha para llegar lentamente hacia lo trascendente en la cúspide.

Sorpresa tampoco es asombro

Asombro tampoco es sorpresa. La sorpresa es un acto, un imprevisto, algo que no estábamos esperando; mientras que el asombro es una emoción. Y, cuando nosotros estamos asombrados, vivimos una experiencia que, en ocasiones, puede llegar a ser inolvidable. Imaginemos que te encuentras en la calle con un amigo que hace mucho tiempo que no ves. Al principio no lo reconoces porque se ha dejado crecer la barba y su aspecto físico ha cambiado. Ahora, la sorpresa te invade al descubrir que es tu amigo.

La sorpresa es el móvil de cada descubrimiento.
Cesare Pavese

Es decir, que la sorpresa y el asombro se tocan en un aspecto, y ambos unidos inauguran algo distinto y nuevo.

¿Por qué, cuando tomamos determinado camino para ir al trabajo, o realizamos alguna actividad, sentimos que el tiempo pasa más rápido? Porque perdimos de vista los detalles. Como el camino o la actividad nos resultan familiares, han ingresado en nuestra memoria y esto nos genera la sensación de que el tiempo se ha acelerado. La mayoría de los seres humanos hemos perdido los detalles en medio de nuestras vidas tan ajetreadas. ¿Por qué mencioné al comienzo del capítulo mi vieja bolsita del jardín de infantes o mis bolitas chinas? Porque las estuve mirando, me sorprendí y me emocioné.

En el asombro hay un elemento de falta de acción, pues no existe la intervención del hecho que observamos y este nos produce admiración. Estamos contemplando lo que es y reconocemos que es algo bueno y grandioso, a la vez que nos emocionamos al lograr sabiamente aceptar que pudiera haber imperfección en ello y, aun así, no debemos hacer ni cambiar nada.

De acuerdo con el filósofo Kristjánsson (2020), vivencias como el asombro colaboran a reinstalar la idea de Aristóteles del progreso humano en el aula, lo cual se refiere al desarrollo máximo de las habilidades de una persona para lograr la excelencia en su labor. Según este autor, es preciso que los estudiantes tengan la oportunidad de contactar con valores como la belleza y la bondad. El psicólogo Abraham Maslow (1991) hizo énfasis en el hecho de que las experiencias de asombro suelen ser repentinas, por lo que no resulta sencillo darse cuenta cuándo tienen lugar. Es decir, que por lo general no nos sucede a diario que seamos testigos de una acción bondadosa o sacrificada, o que nos topemos con una obra artística o un fenómeno bello de la naturaleza. En conclusión, no deberíamos esperar que nuestros discípulos tengan a menudo esta clase de vivencias personales.[26]

El asombro nos ayuda a volver a conectar con el detalle. Te animo a que hoy, cuando salgas de casa, o cuando te encuentres y hables con alguien, te detengas por un momento a observar todos los detalles que no has visto hasta ahora. Y, sobre todo, a permitir que el asombro aporte una nueva experiencia a tu vida.

> *El asombro, más que la duda, es la raíz de todo conocimiento.*
> Abraham Joshua Heschel

Las experiencias nacidas de nuestro asombro son tan poderosas que pueden limpiar y anular todas las otras emociones. En especial, las negativas.

Algunas preguntas...

a. *¿Por qué me cuesta tanto asombrarme? Pareciera que nada despierta mi atención.*

---

26 Ibídem.

Imaginemos que un hijo les miente a sus padres. ¿Qué hacen ellos? Lo vigilan. Ahora bien, cuanto más lo controlan, más miente el niño. Y cuanto más miente, más lo vigilan. Pongamos otro ejemplo: alguien está triste. ¿Qué hace su familia? Alientan a la persona. Cuanto más la alientan, más triste está. Y cuanto más triste está, más la alientan. O imaginemos una pareja en la que ella le dice: "Cuéntame" y él se calla. Cuanto más le insiste ella para que le cuente, él más se calla. Y cuanto más él se calla, más insiste ella. Como podemos observar en estos ejemplos, muchas veces, cuando tenemos un problema, tendemos a repetir más de lo mismo. Repetimos lo mismo reiteradas veces, estereotipadamente, generando así un circuito que se retroalimenta, perdiendo de vista la capacidad de asombrarnos al poner en acción algo nuevo. Necesitamos identificar las soluciones que empleamos para resolver un problema, porque eso es más de lo mismo. Al intentar algo nuevo nos asombraremos a nosotros mismos de lo que somos capaces de generar y de los nuevos resultados que podemos alcanzar. Entonces, ¿qué tenemos que hacer? Otra cosa, algo que sea totalmente distinto de lo que siempre estamos haciendo. Una buena pregunta para tener en cuenta es: "¿Qué hago cuando estoy bien?". Necesitamos preguntarnos qué cosas hacemos cuando ese problema no está en nuestra vida. Hay cosas que hacemos para estar mal y hay cosas que hacemos para estar bien; si logramos identificar qué cosas hacemos cuando el problema no está, probablemente encontraremos las pequeñas llaves que deberemos usar cuando los problemas aparezcan. No hagas más de lo mismo, ¡haz algo distinto! Y te asombrarás de todas las habilidades que tienes y aún están dormidas para generar nuevas respuestas y nuevos logros.

b. *Soy una persona muy ordenada y me considero estructurada, hasta sufro de contracturas musculares. No me gusta la improvisación, pero al mismo tiempo siento que no hay nada nuevo en mi vida.*

En primer lugar, me voy a referir a la rigidez postural. Hay muchas personas que tienen expresiones rígidas, firmes, duras, con movimientos lentos. Todo su cuerpo expresa rigidez. Cuando van a una charla, cuando salen, cuando comparten con otros, están estructurados. El cuerpo expresa la rigidez mental, la falta de asombro. Muchas veces, el escaso movimiento corporal expresa el poco movimiento afectivo. ¿Por qué se vuelve rígida una persona? Puede serlo por distintos factores:

• Por miedo. El individuo trata de controlar, de tener todo obsesivamente ordenado, de evitar cualquier desorden, evita por todos los medios ser capaz de asombrarse. Su miedo interno lo hace expresar rigidez corporal.

- Por rasgos obsesivos. La persona revisa una y otra vez, necesita analizar al detalle, tener todo bajo el perfeccionismo; y eso no solo la lleva a una rigidez corporal, sino también a una rigidez del diálogo. Esta es la razón por la que necesita repetir, analizar, racionalizar, etc.

Hay personas que son como la caña: se quiebran; pero hay otras que son como la rama: se doblan. La flexibilidad emocional, mental, espiritual, es decir, la capacidad de asombrarnos también repercute en el cuerpo. Por eso, necesitamos aprender a que nuestro cuerpo acompañe en libertad, apertura y flexibilidad el movimiento afectivo, cognitivo y relacional, con nosotros y con los demás. Las personas flexibles, que se asombran de las oportunidades nuevas y de los aprendizajes que la vida les brinda, tienen más posibilidades de crecimiento que las personas rígidas que piensan todo en blanco o negro, en sí o no, y se olvidan de que en la vida también hay grises, cálidos y templados. La rigidez es contraria al asombro, a lo nuevo que cada día puede brindarnos.

c. *Mi jefe es una persona muy estructurada, siempre le acerco nuevas ideas, pero nunca las acepta y eso me quita las ganas de proponer nuevos desafíos.*

En primer lugar, hay que entender que no todas las personas son iguales. Muchas personas suelen expresar: "Si no actúo con la mayor competencia, fracasaré". Esta creencia nuclear no solamente hace que se exija o imponga una metodología a sí mismo, sino también a los demás. Esta podría llegar a ser la forma de pensar de tu jefe. En este caso, no hay lugar para lo espontáneo, lo creativo, lo imprevisto, para el asombro; todo debe estar planificado con hora, día y mes y cualquier acto que se salga del plan le genera y le potencia la ansiedad. De aquí que en estas personas predomine la obsesión por el orden y la simetría. Pero las respuestas de los demás no deben limitar tu capacidad creativa, tu curiosidad y tu asombro por nuevos desafíos. En algún momento la vida te sorprenderá y tendrás la oportunidad de asombrarte de ti mismo de lo que habrás logrado por permitirte aprender, equivocarte y volver a empezar.

Entonces, ¿por qué el asombro es una emoción nutritiva?

El asombro es una emoción nutritiva que nos permite volver a descubrir lo nuevo, lo novedoso. Genera un impacto en todo nuestro ser que no solo nos lleva a la humildad y al agradecimiento, sino también a seguir buscando y explorando el mundo. Como dijimos, el asombro barre con todas las emociones, dado que este despertar, esta nueva visión, nos permite sentirnos plenos, maravillados, y volver a experimentar la alegría de que aún falta mucho camino por recorrer.

CAPÍTULO 8
El placer nutritivo

Todos descubrimos el placer desde pequeños

La piel es nuestro órgano más grande, pues posee miles de terminaciones nerviosas y sitios donde se concentran numerosos ramales muy sensibles al placer. Por eso cuando dos trozos de piel se frotan, se produce una sensación agradable llamada "placer". Pocos meses después de nacido, al explorarse, el bebé comienza a descubrir en su cuerpo sensaciones de placer. Descubre que ciertas zonas le producen al tacto mayor placer que otras. Este tipo de placer primario lo denominamos "placer fisiológico".

El placer no va de la mano con las matemáticas, no se puede medir, no es cuantitativo. Por ejemplo, pensemos en una obra de arte que uno contempla con placer. ¿Podemos saber con cuánto placer se la observa? No. El placer no se puede medir, no existe un placer de cuatro o de seis puntos. Uno simplemente expresa: "me gustó" o "no me gustó". El placer es subjetivo y personal, de allí que algo pueda generar placer para uno, pero no para otro. Lo expresamos en términos cualitativos: "me gustó mucho" o "me gustó poco". Es tan subjetivo que bien reza el dicho: "Sobre gustos, no hay nada escrito".

El placer es una emoción nutritiva; implica una sensación agradable de plenitud, una síntesis de la vida misma. Y posee tal magnitud porque compromete la suma de las características del vivir y trae vitalidad. Una persona que no experimenta el placer de la amistad, el placer estético, el placer del pensamiento o el placer de la solidaridad vive bajo el dolor. Lo contrario al placer es el dolor. Es decir, la ausencia de placer (mucho o poco) implica la presencia de dolor.

> *El fin de la civilización consiste en convertir todas las cosas en un placer.*
> **León Tolstói**

Placer es sinónimo de deseo y, en su justa medida,
nos recuerda que estamos vivos.

Los humanos somos básicamente "seres deseantes". Y, si bien el término placer tiene mala prensa, bien entendido, se trata de un ingrediente que no debería faltar en nuestra vida para disfrutar de salud, tanto a nivel físico como emocional. A muchas personas les cuesta mucho acercarse al placer. Viven en el displacer constante toda su vida. Creen que no tienen derecho a vivir una vida placentera, por lo que están todo el tiempo de mal humor. Ellos ignoran que, cada vez que nos enredamos con el mal humor, en cada situación en la que no vemos esperanza es porque nos hicimos uno con las emociones negativas y, en lugar de acercarnos al placer, nos arrimamos al dolor.

Tal vez, debido a situaciones personales, te cueste un poco divertirte y disfrutar; quizá tengas una vida monótona, aburrida, porque dejaste de fluir. Posiblemente tienes tantas actividades, ocupaciones y compromisos, que ya ni recuerdas lo que es divertirte, jugar, disfrutar con tu familia. Pero, si quieres que tus hijos disfruten de la vida y se diviertan, primero ellos tienen que verte hacer algo placentero. Si ya no juegas más, si ya no te diviertes, si tu vida es puro trabajo, tus hijos aprenderán eso y sus vidas girarán solo alrededor del trabajo o el estudio, por lo que no tendrán esparcimiento y los momentos de placer serán escasos. Cuando necesiten distenderse, es probable que se diviertan mal. Por ejemplo, podrían desarrollar adicciones en lugar de experimentar placeres nutritivos. Es posible que no sepan diferenciar el verdadero placer porque no lo han visto a su alrededor. Sin embargo, los seres humanos somos capaces de desarrollar un placer nutritivo a través de diferentes acciones que podemos llevar a cabo durante algún tiempo cada día. Estos son algunos ejemplos:

Hay placer en motivar a los demás

Hoy más que nunca, en un mundo en crisis, es preciso desarrollar el hábito de motivar a los demás, ya sea que se trate de conocidos o desconocidos. Existen dos maneras de motivar a alguien:

- Por medio de una "personalidad motivadora" (que puede ser innata o aprendida). En este caso, quien motiva a otros no tiene que realizar ningún esfuerzo, pues es algo que le sale naturalmente o que aprendió a hacer.
- Utilizando diversas "técnicas de motivación".

Observemos algunas ideas prácticas sobre cómo actuar frente a alguien con baja motivación:

- **Preguntarle directamente**. Si ves a alguien desmotivado, sea por la razón que sea, no des vueltas. Acércate y pregúntale con confianza: "Te noto desanimado, ¿puede ser? ¿Qué te anda pasando?". Y, sobre lo que te responda, ayúdalo. Si no puede o no desea abrir su corazón contigo, simplemente respétalo y hazle saber que puede contar con tu ayuda en cualquier momento.
- **Hacerle saber que "su tarea es muy importante"**. La persona tiene que llegar a pensar que la tarea

que lleva a cabo sea grande o pequeña, es "una nota en el gran pentagrama musical de la vida". Sentir orgullo sano por lo que uno hace, lo cual no es orgullo, sino una estima sana, es una excelente forma de motivarnos.

- **Dirigirlo al lugar correcto.** Es aquel donde puede dedicarse a hacer lo que más le gusta. Pregúntales siempre a los miembros de tu equipo de trabajo, a tus seres queridos, a tus amigos, a la gente que te rodea, qué cosas aman, disfrutan y les interesan. De ese modo, podrás decidir cómo motivarlos. Por ejemplo, a través del fútbol, la música, el arte, la lectura, la cocina, etc. Esa persona nunca más tendrá que ser motivada porque contará siempre con motivación interna.

- **Detectar cuál es su necesidad.** ¡Sin necesidad no hay motivación! Hasta que no tocamos el deseo de una persona, no surge el compromiso constante. Cuanto más específica sea la meta, más motivación habrá. Esto incluye tanto las metas propias como las grupales.

- **Tratarlo bien.** El buen trato es un gran motivador y un constructor de puentes con la gente. ¿Quién no desea que lo traten bien? ¡Todos! Procura crear una atmósfera positiva en todo lugar y en todo momento. El mundo te lo agradecerá.

Hay placer en dar

Cuando damos, deberíamos hacerlo simplemente por el placer de dar. Dar por necesidad, o porque uno siente pena por el otro, o para expiar alguna culpa, solo nos conduce a depender de los demás. ¿Alguna vez te pasó regalarle algo a alguien y que esa persona ni siquiera te diera las gracias? Si damos esperando que nos agradezcan, nos resentiremos o nos frustraremos. Ahora bien, cuando damos generosamente, solo por el placer de dar y sin esperar nada a cambio, no nos importa si hay un "gracias" o no. Dar de ese modo es una cualidad humana que brinda una sensación de contentamiento al dador.

Hay placer en viajar

Siempre deberíamos hacer todo lo necesario para obtener aquello que deseamos en la vida. No importa la edad que tengamos ni la condición en la que nos encontremos, lo importante es no dejar de movernos. ¿Sabías que eres dueño de tu sueño y el único responsable de alcanzarlo? Por eso, determínate todos los días a efectuar los cambios que se requieran para verlo cumplido. Tal vez tu sueño es viajar. Nunca es tarde para hacerlo y pocas actividades generan tanto placer. Entonces, programa ese viaje que siempre anhelaste y todavía no se concretó. Y comienza a disfrutarlo desde el momento en que lo estás planeando. Disfruta del sitio que visitarás (tal vez te recuerde tu película preferida), de los amigos o familiares que te encontrarás o te acompañarán. Comienza a sentir el placer de enfocarte en ese sueño tan especial antes de verlo realizado. Y una vez que estés allí, pon todo tu corazón en ello. Recuerda que el placer de viajar, con todo lo que eso implica, se debe experimentar cuando uno está bien, cuando no se necesita nada de nadie y uno puede negociar a su favor.

Hay placer en trabajar y en estudiar

Existen empresas o trabajos de alto nivel organizativo repletos de empleados desmotivados donde los resultados obtenidos son a través de la queja. El 70% de las quejas en los ambientes laborales tiene que ver con el maltrato y la desmotivación que experimentan a diario las personas que trabajan allí. Lo mismo sucede en los lugares de estudio. Los maestros muchas veces se encuentran frente a una clase con la mayoría de los estudiantes desmoralizados, sin saber cómo hacer para captar su atención y animarlos a aprender por el placer que esto provoca.

> *El trabajo ayuda siempre, puesto que trabajar no es realizar lo que uno imaginaba, sino descubrir lo que uno tiene adentro.*
> **Boris Pasternak**

¡El entusiasmo genera entusiasmo! La empatía es motivacional. Un saludo, un mensaje, un llamado, un abrazo, una palmada en el hombro, el interés por un tema personal o familiar, son todos actos que nos colocan en el lugar del otro y, aunque no seamos conscientes de ello, levantan su estima y su vida.

Aquel que siente placer en el lugar de trabajo o estudio es capaz de generar ideas, de activar su lado creativo. Las personas que viven motivadas todo el tiempo proponen acciones innovadoras, proyectan, aportan ideas y suman creatividad al entorno. Una persona motivada es alguien que ve un poco más allá que el resto porque suele superar sus propios límites.

Ahora, toda motivación acarrea presión. Un entrenador arenga a su equipo con un "¡vamos a ganar!". Sin embargo, lo importante, sobre todo cuando tenemos gente a cargo, es lograr transmitir el estímulo de manera que la motivación provoque un efecto y el mensaje recibido sea el adecuado. De lo contrario, las personas se sentirán presionadas y se desanimarán.

Todo lo que puedas usar en beneficio de los demás es "tu semilla", es decir, aquello que tiene el potencial de ser sembrado en otros. Y todo lo que te beneficia es "tu cosecha": aquello que recibirás tarde o temprano por haber sembrado previamente. ¡Vale la pena ser un gran motivador!

El placer es parte de nuestro bienestar personal y social

Es difícil explicar qué es el placer porque es una experiencia. ¿Cómo le explicas a alguien el placer de comer un alfajor de dulce de leche? ¿Cómo explicamos qué gusto tiene? Si ya lo probaste, te quedó registrado; por eso cuando lo ves, tu cerebro dice "¡Ah!… qué delicia". Ya lo comiste, eso es delicioso. Así es el placer. Yo puedo hablarte del placer, pero lo más importante es que puedas experimentarlo. Como alguien dijo: "La vida no es una lucha a vencer, sino un milagro a disfrutar".[27]

La falta de placer actualmente se considera una de las razones por la que podemos ver nuestra salud afectada. La persona sin capacidad de disfrutar suele tener menos fuerza física. Hoy muchos expresan después de una jornada ardua de trabajo: "Solo quiero tener un momento de relax mirando la tele o leyendo un libro". Y, aunque intentan relajarse al final del día, no logran hacerlo. El placer que le abre la puerta al disfrute nos brinda la posibilidad de calmarnos y de conectar con los demás.

La cultura nos ha dicho que es posible ser feliz al beber o comer; es por ello que hay gente que se dedica a ir detrás de ese tipo de placeres relacionados con nuestros

27 Stamateas, B. (2022). *Heridas emocionales*. Vergara, Buenos Aires.

sentidos. Y, si bien eso no es necesariamente negativo en su justa proporción, son momentos pasajeros que se acaban con rapidez. Hay muchas otras fuentes de placer a nuestra disposición que nos introducen a un nivel de disfrute profundo y duradero.

Existen otros placeres además del sensorial, como el placer del sentido del tacto que sentimos por medio de masajes y caricias. Además, podemos sentir placer cuando escuchamos música, cuando comemos una comida deliciosa o bebemos vino de calidad y cuando olemos un buen aroma, ya sea en el ambiente o en forma de perfume. Mucha gente experimenta placer cuando sus emociones se elevan al practicar deportes de riesgo o tener contacto con la naturaleza. Y, sin duda, a todos nos brindan un gran placer actividades como encontrarnos con seres queridos, jugar con nuestros hijos, reír con nuestros amigos y aprender cosas nuevas.

Ahora bien, ¿cuándo el placer que experimentamos deja de ser nutritivo? Este deja de ser placentero y sano cuando lo llevamos a cabo a escondidas, como comer o conectarse con otros sin que los demás lo sepan. No hay placer en hacer aquello que nos avergüenza o aquello que nos mantiene bajo su control, como pasar mucho tiempo en una misma actividad sin poder detenerse. Algunos expresan: "Yo tomo alcohol con frecuencia, pero dejo de tomar cuando quiero". Cada vez que el ser humano pierde el registro de lo que hace, ya sea comer o beber, esta acción deja de ser nutritiva, porque en el fondo se la ejecuta para llenar algún vacío.

> **Todas las pasiones son buenas mientras somos dueños de ellas, y todas son malas cuando nos esclavizan.**
>
> **Jean-Jacques Rousseau**

Hoy en día muchas personas no pueden disfrutar emocionalmente de cosas simples como leer, escuchar música o pasar tiempo con los seres que uno ama. Pero todos podemos aprender a introducir el placer en nuestra vida cotidiana para conseguir disfrutar la vida en plenitud. Te invito a considerar cinco aspectos en lo que es posible tener placer:

Invertir en uno mismo

¿Te disfrutas a ti mismo, a ti misma? ¿Te das siempre lo mejor, en cuanto esto te sea posible? Quien no disfruta de sí mismo tendrá gran dificultad para disfrutar de lo bueno que la vida le ofrece. Es menester invertir en nosotros mismos y cuidarnos, sin depender de los demás para que lo hagan. ¿Y cómo nos damos lo mejor? Hablándonos bien, felicitándonos, regalándonos cosas, aunque sean sencillas, y tratándonos con respeto como lo hacemos con otros. Esto no es egoísmo, sino una manera equilibrada de vivir.

> **Solo hay una pequeña parte del universo de la que sabrás con certeza que puede ser mejorada, y esa parte eres tú.**
>
> **Aldous Huxley**

Brindar alegría a otros

¿Tus seres queridos te consideran una persona alegre y divertida? Todos podemos, si nos lo proponemos, sembrar alegría en los demás, sean conocidos o desconocidos. Creo que no hay nada más maravilloso que ser recordados por brindarles buenos momentos a otros, lo cual es una "semilla" que plantamos y, tarde o temprano, dará su fruto. Mucha gente se entera, con el tiempo, que la ayuda que un día le brindó a alguien en el pasado sirvió para bien. Y, como ya hemos mencionado, quien es un dador siempre disfruta de una gran satisfacción interior. Sembremos alegría hoy y mañana levantaremos una hermosa cosecha.

> **No es lo que tenemos, sino lo que disfrutamos lo que constituye nuestra abundancia.**
> **Epicuro**

Desarrollar la practicidad

Una persona práctica tiene el enorme placer de emplear el sentido común. Charles Spurgeon, un conferencista inglés, solía decir que una buena siesta es la solución a muchos problemas. Cuando hay practicidad en nuestra vida, podemos disfrutar. *Un ciervo, que era el rey del bosque, siempre quedaba enredado en las ramas de árboles y arbustos por sus cuernos. Entonces, enojado, ordenó que podaran todo. De manera que apareció el zorro y le dijo: "Es-*

timado rey, ¿por qué no corta sus cuernos en lugar de podar todo?". Elijamos ser gente práctica a diario.

Servir a la gente

¿Podemos obtener placer cuando atendemos a alguien? Algunas celebridades suelen abocarse a tareas benéficas y obtienen felicidad de ello. Podemos verlo en sus caras. Es bueno experimentar placer mediante el servicio a quienes nos rodean. Y todo lo que uno ha sembrado en la vida, en algún momento, lo va a recibir de vuelta. Quien sirve, independientemente de dónde o cómo, crea bonitos recuerdos al brindar asistencia a otras personas.

Generar una atmósfera de intimidad

La persona que no es capaz de tener intimidad emocional, aunque esté al lado de alguien, no logrará conocer el corazón del otro ni dar a conocer el suyo. Muchos temen intimar porque no han visto a sus padres ser cariñosos y confidentes el uno con el otro. Es decir, no los vieron expresar sus emociones. Intimidad no es hacer algo juntos, como salir a pasear o a comer afuera. Intimidad es la posibilidad de abrirle nuestro corazón a alguien porque tenemos confianza y nos sentimos seguros. En general, se trata de algo que uno debe construir y proteger, pues no suele surgir naturalmente, sobre todo si no vivimos con nuestros primeros cuidadores.

Validar a los demás

¿Qué significa validar? Encontrar un aspecto positivo en el otro y expresarlo. Quien tiene el hábito de validar a los demás derriba muros y abre puertas, pues posee la capacidad de operar cambios en la gente, aun la más difícil de tratar. Cuando alguien te agreda o diga algo negativo, felicítalo y observa qué ocurre. Hoy vemos mucha agresividad a nuestro alrededor en todos los ámbitos; pero te aseguro que no es sencillo maltratar a una persona que te valida. Y todos tenemos la necesidad de que nos validen porque tal actitud nos sana. Actualmente en las redes sociales abundan las críticas, las descalificaciones y los ataques sin razón. ¿Por qué alguien se comporta así? Por lo general, porque se percibe diferente y se siente amenazado. Nos sorprenderíamos de los resultados si comenzáramos a reconocer, validar y felicitar a los demás. Te animo a hacer de la validación un hábito en tu vida, aunque al principio te cueste. Todos los seres humanos tenemos algún rasgo positivo y podemos aprender unos de otros para convertirnos en mejores personas.

¿Sabías que cuando dejes este mundo solo podrás llevarte contigo los recuerdos lindos que generaste con tus seres queridos? Ellos nos fortalecen para no darnos nunca por vencidos cuando atravesamos dificultades. Esfuérzate en sembrar semillas positivas en quienes te rodean y crear así los mejores recuerdos. Y no temas conectar con el placer, disfrutar y valorar todo lo bueno que llegue a tu vida.

El placer en las distintas etapas de la vida

La tarea principal de un niño es jugar; mientras que la de un adolescente es soñar y armar proyectos, lo cual incluye el hecho de rebelarse. Los padres debemos cuidar a nuestros niños para que puedan jugar; y debemos resistir cuando alcanzan la etapa de la adolescencia, pues ellos buscan la libertad de un amor, de un proyecto, en medio de su rebeldía.

La tarea principal de un adulto joven es tener logros, como adquirir una casa o un auto, formar pareja, estudiar, viajar, progresar en la vida, etc. En cambio, un adulto mayor, que ya ha vivido todo lo anterior, se dedica a perseguir el placer. También es capaz de producir, por supuesto, pero fundamentalmente se dedica a conectar con su deseo, con aquello que le gusta.

El corazón de la vejez consiste en trascender y dejar un legado a las nuevas generaciones.

En el pasado, hasta los treinta y cinco años, se vivía la infancia, la adolescencia y la juventud. Y, a partir de allí, la adultez y luego la vejez. Se decía que "la vida empezaba a los cuarenta años" y, a continuación, comenzábamos a descender con las limitaciones físicas y los cambios producidos con el tiempo. Entonces, la persona madura extrañaba su infancia o juventud.

Ahora bien, detengámonos a pensar por un momento: ¿en qué etapa evolutiva lo tuvimos todo? En ninguna. En todas nos faltó algo. ¿Y en qué etapa evolutiva no tuvimos nada? En ninguna. En todas tuvimos algo. Por esa razón, hoy en día, podemos pensar la vida como una acumulación ascendente. Ya sea que te encuentres entre los veinte y los treinta años y sientas el deseo de producir, o entre los cuarenta y los cincuenta años y comiences a sentir ganas de prestarle atención a tu deseo, lo ideal es sumar todo lo vivido. Cualquiera sea la etapa en la que estemos, aunque predomine un núcleo o corazón, nunca dejemos de jugar, de tener sueños de libertad, de producir y de sentir placer.

No es verdad eso que dicen que los seres humanos invertimos durante la primera mitad de nuestra vida, para después cosechar en la segunda. Cada uno de nosotros posee la capacidad de sembrar y cosechar a lo largo de toda la vida, independientemente de la edad que tenga. Como suelo decir, ¡está

Cada momento es especial para quien tiene la visión de reconocerlo como tal.
Henry Miller

prohibido jubilarse emocionalmente! Entonces, no dejemos jamás de jugar, de soñar, de perseguir utopías, de anhelar ser libres, de producir, de buscar el placer que alimente nuestras vidas. No corramos solamente detrás de un trabajo, ya que nuestra principal meta en este mundo es dejarles un legado a quienes vienen detrás. Reunir todas estas acciones en la etapa en la que estemos nos permite ensanchar nuestro mundo interior.

Algunas preguntas...

a. Siento mucha culpa de comprarme algo, me parece que el placer es siempre para los otros y no para mí.

En este punto, tenemos que distinguir las distintas culpas que sentimos, por lo general, todas las personas. La culpa verdadera es la que aparece cuando hacemos algo que nos daña o que daña a otro. Por ejemplo: engañar, mentir, gritar, pegar, robar. Frente a alguno de estos hechos, nos sentimos culpables. Nuestra conciencia nos dice: "Estuviste mal, tienes que repararlo". ¿Cómo reparamos esa culpa real que surgió por transgredir una norma o hacerle daño a alguien o a nosotros mismos? Hay varias alternativas: podemos escribir una carta y pedir disculpas, podemos devolver lo que quitamos y agregar algo más, podemos pedir perdón. De esta manera, estaremos reparando hacia adelante las conductas que ocasionaron algún daño.

La culpa falsa o neurótica, por su parte, no surge por transgredir una norma u ocasionar un daño, sino por infringir un mandato familiar, de nuestros padres, de nuestra conciencia moral, el cual es alimentado por la gran cultura. Por ejemplo, hay gente que piensa: "Tengo ganas de comprarme esto", y eso le genera culpa porque sienten que trasgredieron un mandamiento propio de la cultura familiar. ¿Cómo vences la culpa neurótica? Dándole rienda a ese deseo que te genera culpa, como comprarte algo o gastar dinero en ir a comer afuera. Es decir, poniendo en acción esos pequeños placeres que te hacen bien y te permiten disfrutar de las pequeñas cosas. Darnos permiso para sentir placer nos hace vivir con mayor plenitud y deseo cada día.

b. ¿Gratificación es lo mismo que placer?

Existen dos aspectos que todos los seres humanos buscamos en nuestra vida. El primero es el placer y el segundo, la gratificación. El placer es una fuente de felicidad; son aquellas actividades que nos proporcionan motivación y alegría, las cuales comienzan y terminan, como ir a tomar un café, comer un rico chocolate o tener una charla con un amigo. Todas estas cosas nos generan una sensación de plenitud; sin embargo, como mencionamos, estas empiezan y terminan. Están enfocadas en el presente y está muy bien tenerlas, porque todos necesitamos disfrutar de este tipo de actividades con frecuencia. A diferencia del placer, la gratificación implica una sensación más estable, duradera y de largo alcance, la cual implica esfuerzo, trabajo y, en algunos casos, también frustración. Imaginemos, por ejemplo, el estudiante que se recibe y tiene una gran gratificación, el corredor que se prepara para la maratón o el músico que se entrena durante mucho tiempo para poder dar el concierto. Experiencias que requieren de nuestra capacidad de disfrute no solo en el presente, sino en el futuro, al haber alcanzado lo que soñábamos y esperábamos.

c. *A veces me preocupa lo que dirán los demás cuando me vean disfrutar y sentir placer. ¿Cómo puedo superar eso?*

Dale placer a tu alma, haz por más tiempo aquello que te gusta, que te apasiona. Siente placer en las relaciones que eres capaz de crear y sostener en el tiempo, disfruta de una buena comida. Todos esos placeres liberan una hormona interna llamada endorfina que nos hace sentir maravillosamente bien. Cada situación es especial y tenemos que disfrutarla; no esperemos hasta mañana, disfrutemos hoy. Y no le des lugar a las voces que te hacen sentir culpable por aquello que hoy sientes placer y puedes disfrutar, ni les des explicaciones a nadie. Todo lo que tienes es tuyo, disfrútalo sin justificarte ante la gente. Todos podemos aprender a disfrutar en todo momento. Podemos disfrutar de un auto cero kilómetro y de uno modelo 1970; podemos disfrutar de una casa grande y de una casa pequeña. Si las circunstancias son difíciles, las voy a disfrutar; y, si son de bendición, las voy a disfrutar. No estoy atado a las circunstancias.

Entonces, ¿por qué el placer es una emoción nutritiva?

Muchas veces, a las personas que están bajo estrés o presión les decimos que construyan áreas o estados *flow* donde conecten con el placer. De esta manera, el dolor se compensa con un placer, que puede ser desde los más básicos (los fisiológicos) hasta los más trascendentes. Imaginemos un matemático. Seguramente, tendrá el placer de resolver un problema. Si bien es verdad que durante mucho tiempo el placer fue condenado por ser algo peligroso, sucio y malo, algunas personas se han atrevido a transformarlo en un estilo de vida: "Vivo para el placer, el resto no me importa". Pero, cuando el placer es mezclado con la responsabilidad, la solidaridad y el crecimiento, se convierte en una parte esencial de la plenitud del vivir y en una emoción nutritiva.

CAPÍTULO 9

La tranquilidad nutritiva

Tranquilidad es confiar en
las capacidades internas

Tranquilidad es una palabra que encierra un significado enorme. Una emoción que todo ser humano anhela alcanzar en diferentes situaciones, pues no es otra cosa que un estado de calma y paz interior. En ocasiones solemos decir: "Quiero llegar a mi casa y tener un poco de tranquilidad", "¡Basta de discutir, quiero tener un poco de tranquilidad, por favor!", "¿Acaso es mucho lo que pido: tener un poco de tranquilidad?". En otras circunstancias, este concepto tan poderoso es un deseo que todos compartimos, en especial en la época de fin de año: "Quiero que este nuevo año le traiga tranquilidad a todo el mundo". ¿Con cuál de todos estos dichos te identificas?

La tranquilidad es una emoción nutritiva que todo ser humano necesita experimentar. No es sinónimo de vagancia, sino la seguridad de que contamos con la fuerza y las habilidades en nuestro interior para vencer cualquier situación adversa. Tranquilidad no significa alivio. Es más bien un estado que nace, fundamentalmente, cuando resuelves un problema financiero, familiar o de salud. La sabiduría es la que nos enseña a resolver problemas por lo que, si carecemos de ella, nunca estaremos realmente tranquilos.

> *Mientras más cerca se encuentra una persona de la tranquilidad mental, más cerca se encuentra de la fuerza.*
> **Marco Aurelio**

Se suele decir que algunas personas invierten la primera mitad de su vida en ser desdichados, ya que no tienen la capacidad de resolver las situaciones adversas que se les presentan. La tranquilidad es un estado de calma, un nivel de paz, por el cual uno confía en sus propias capacidades internas. Seguramente tu pasado de "batallas ganadas", todas las pruebas que has vencido te han fortalecido frente a los desafíos de la vida y hoy te permiten caminar tranquilo y en salud.

El que pierde la tranquilidad lo pierde todo;
el que no la pierde, lo gana todo.

¿Qué significa ser una persona tranquila?

Ser alguien tranquilo no es ser un tonto ni un felpudo, como muchos creen; tampoco implica dejarse maltratar o insultar por los demás. Alguien que experimenta la tranquilidad a diario es un ser humano cuyas características sobresalientes son las siguientes:

- *Evita enredarse en cualquier clase de maltrato*

Es una persona que se ama y se respeta a sí misma, tanto como lo hace con otros. Sabe controlar sus reacciones frente a la violencia externa, la burla o la crítica. Es consciente de que las emociones deben ser expresadas, pero se fija sus propios límites en el momento de responder a los estímulos externos. Ser capaz de responder adecuadamente es de sabios. Incluso puede tener algunas frases guardadas para contestar en caso de ser agredido: "No me hables así que no me gusta", "Lo voy a tener en cuenta, muchas gracias", "Ahora prefiero no hablar, mejor lo hacemos mañana". En ocasiones, hacer el "oído gordo" es reaccionar inteligentemente. La gente tranquila no reprime el enojo hasta que, un buen día, estalla; tampoco va por la vida gritando y menospreciando a los demás. Por el contrario, posee la capacidad de frenar las respuestas de su boca. Pues el que pierde la paciencia, lo pierde todo.

- *Disfruta de la vida*

A veces, frente a determinadas circunstancias negativas, lo mejor que podemos hacer es reírnos. Por ejemplo, cuando alguien se burla de nosotros, la capacidad de reírnos de nosotros mismos es una forma de restarle valor y peso a esos dichos. Esa crítica destructiva ya no tendrá poder sobre nosotros. No permitas que nadie te robe la

> **Cuando somos incapaces de encontrar tranquilidad en nosotros mismos, de nada sirve buscarla en otra parte.**
> **François de La Rochefoucauld**

alegría de disfrutar cada día en un estado de tranquilidad. Podrán difamarte, descalificarte o desvalorizarte, pero jamás permitas que los demás te roben tus ganas de vivir nutritivamente cada nuevo amanecer.

- *Está determinado a que le vaya bien*

Para mantenernos en un estado de tranquilidad, es necesario comenzar cada día determinados a que nos vaya bien y actuar en consecuencia.

- *Habla soluciones, en lugar de problemas*

Las palabras encierran el poder de construir, de abrir caminos y de nutrirnos, tanto física como emocionalmente. Si yo le digo a una persona: "Me parece que te equivocaste", no podrá hacer nada más; en cambio, si yo le digo a esa misma persona: "De acá en adelante, ten en cuenta controlar tal o cual cuestión...", estoy generando nuevas oportunidades de aprendizaje para ella. Salgamos de la posición de adversario y hagamos sociedad con la gente. El problemático se enfoca en las dificultades; una persona tranquila piensa siempre en cómo resolverlas. ¡No permitas que nadie te robe tu paz interior!

- *Es creativo e inteligente*

Cuando una persona está tranquila, su mente está disponible para poder pensar correctamente. Aun cuando tenga problemas por resolver o cuestiones de las cuales ocuparse, sabrá cómo traspasar todo eso porque contará con la calma y la serenidad necesarias para hacerlo.

> **Lo más difícil de aprender en la vida es qué puente hay que cruzar y qué puente hay que quemar.**
> **Bertrand Russell**

- *No manipula a los demás recordándoles su pasado*

Toda vez que alguien venga a recordarte tu pasado, estarás frente a una persona que no disfruta de tranquilidad. La gente tranquila no vive recordando su pasado ni recordándoselo a otros, sino que está plantada en el presente y aguarda un futuro brillante que se encarga de diseñar día tras día.

- *Posee un espíritu de agradecimiento*

Ser agradecidos hace que la tranquilidad crezca en nuestra vida. Un corazón agradecido es una señal de inteligencia emocional y un acto terapéutico para sanarnos internamente. Cuando uno da las gracias por lo que ya tiene y se concentra en ello, tarde o temprano, recibe lo que no tiene y puede ir detrás de lo que le falta.

Cómo lograr tener nuestra mente en calma

a. Para disfrutar de tranquilidad, debes aprender a ignorar a tu mente. "Pero ¿cómo logro detenerla?", tal vez te preguntes. Una manera de lograrlo es colocando un cartel delante de ti que diga: "¡Alto, basta!". Nunca tomes una decisión cuando estés obsesivo, ansioso o preocupado (lo opuesto de estar en calma) porque, cuando el "pensamiento levadura" crece, se pierde la objetividad. Si te encuentras en ese estado, escoge actividades que te saquen de allí, como salir a caminar, tomar un café o escuchar música. Haz algo para ignorar a tu mente.

b. Para disfrutar de tranquilidad, debes saber que tu vida no está basada en tus pensamientos. No dependes de la actividad de tu mente, sino de la actividad de tu ser más profundo: tu espíritu. Quizás, a menudo, piensas en la pobreza y en la crisis, pero tu ser interior dice que progresarás en todo lo que emprendas. ¿A quién le vas a creer?

c. Para disfrutar de tranquilidad, debes dejar de luchar por el control. ¿Qué le ocurre a una persona obsesiva? Busca controlar todo y a todos. ¡Pero eso no es posible! Nadie puede controlarlo todo. Por lo general, la persona obsesiva piensa que, si hace algo bueno,

> *Tienes poder sobre la mente, no sobre los eventos externos. Al darte cuenta de esto, encontrarás la fuerza.*
>
> **Marco Aurelio**

obtiene un punto más; pero, si hace algo malo, pierde un punto. Entonces, para que le vaya bien en la vida, cree que debe sumar puntos. "Ayudé a alguien, tengo un punto más... tuve un mal pensamiento, tengo un punto menos". Es por ello que, cuando nos sucede algo malo, solemos preguntarnos: "¿Por qué me pasa esto a mí? Si yo hice mucho bien". Lo cierto es que hacer cosas buenas no nos da autoridad para controlar las circunstancias que nos rodean. Abandona el deseo de control y descansa en el hecho de que tu espíritu, tu parte más profunda y sabia, sabe lo que es mejor para ti.

d. Para disfrutar de tranquilidad, debes enfocarte en lo grande. ¿Sueles pensar en cosas importantes? La persona obsesiva se concentra en los detalles, pero la gente tranquila se enfoca en lo grande y espera siempre lo mejor.

¿Quieres disfrutar de paz mental? Deja de ocultar tus fallas y muéstralas. Alguien obsesivo desea que todo salga perfecto, pero todos los seres humanos fallamos alguna vez. ¿Hay alguien que no tenga fallas? ¡Nadie! Todos tropezamos en la calle. Todos nos pusimos una media distinta. El mundo está lleno de gente imperfecta, que se muestra tal como es, con virtudes y defectos. Cuando dejes de esconder tus errores, serás libre del perfeccionismo y, paso a paso y poco a poco, alcanzarás tu mejor versión. Y, lo que es mejor, disfrutarás de tranquilidad. Es decir, de un equilibrio entre tu mundo interno y el mundo que te rodea.

No te quedes a vivir en el detalle: lo que te dijeron, lo que te hicieron, etc. ¡Sé libre y vive tranquilo! Nunca permitas que las imperfecciones de otras personas te amarguen. Enfócate en cosas grandes y serás exitoso en

> *Una vida feliz consiste en tener tranquilidad de espíritu.*
> **Cicerón**

todo lo que hagas. Y, cuando tu mente se calme, cuando practiques desconectarla a diario, cuando aprendas a basar tu vida en la verdad de tu espíritu, a soltar el control de tu vida y a enfocarte en lo que de verdad importa, tendrás esa tranquilidad nutritiva que te hará vivir una vida más saludable para ti y para quienes te rodean. Recuerda: la gente que está detrás de cosas grandes disfruta de paz interior.

Algunas preguntas...

a. *Desde que comienzo el día pienso en todo lo que tengo que hacer y no puedo evitar sentirme mal. Comienzo a experimentar una especie de intranquilidad constante de no poder cumplir con todo. ¿Qué puedo hacer?*

La tranquilidad es una emoción altamente nutritiva, por eso es sumamente saludable que puedas practicarla. Te propongo aquí tres ideas útiles que puedes aplicar en cualquier situación que estés viviendo para estar un poco más tranquilo:

1. *Enfocarse en lo que sí se puede cambiar y no en lo que es imposible.* Por ejemplo, si tienes un problema, no te enfoques en lo que no puedes cambiar, en lo imposible; en lugar de eso, pregúntate qué as-

pectos pequeños puedes empezar a cambiar para así iniciar el efecto dominó.

2. *Saber qué hacer.* Si frente a una amenaza sabes qué hacer, la ansiedad bajará. Lo contrario a la tranquilidad es la intranquilidad. Y la intranquilidad —o ansiedad— es cuando, ante un factor amenazante, no tienes idea de qué hacer. Necesitas capacitarte en saber qué hacer frente a problemas específicos.

3. *Pensar en lo que funcionó antes.* Pregúntate: "¿Qué problema parecido a este tuve en el pasado? ¿Qué hice en esa ocasión para resolverlo? Cuando tienes en claro qué fortalezas usaste frente a determinados problemas en el pasado, podrás aplicarlas en el presente. Esto disminuirá la ansiedad.

b. *Disfruto ayudar a la gente y escucharla. Pero suelo terminar cargando con los problemas ajenos, lo cual me hace sentir intranquilo por no saber si el otro encontró una solución o no. ¿Es posible ayudar a los demás y mantener la paz?*

En psicología se maneja el concepto técnico de la *disociación instrumental.* Este consiste en el hecho de que una parte de mí se identifica con el problema del otro. Entonces, le ofrezco mi empatía, lo cual implica que me "pongo en sus zapatos" y trato de entender, desde la razón, lo que le ocurre. Pero otra parte de mí se aleja y se disocia. Para ejemplificarlo,

> *La verdadera fuerza de una persona se encuentra en su serenidad.*
>
> **León Tolstói**

es como "salir al balcón" y ver lo que sucede en la vida de alguien a la distancia. ¿Qué fin tiene esto? Lograr gestionar mi mundo emocional y ser capaz de brindar consuelo o consejo, sin que eso me afecte negativamente. Una persona totalmente identificada con la adversidad de otra siente angustia y se vuelve demasiado empática. Mientras que una persona que se aleja mucho se vuelve fría y hace que el otro se sienta incomprendido. ¿Cuál sería entonces la actitud adecuada? Cuando alguien comparte un problema, hay que adoptar un rol "profesional". Así lo hace, por ejemplo, un médico que debe atender a un paciente con una enfermedad grave. No se mimetiza con su paciente, ya que, si lo hiciera, sentiría pena y no podría aplicarle el tratamiento que necesita. Su profesionalidad lo ayuda a tomar distancia y disociarse. Lo ideal, en estos casos, siempre es identificarnos un poco y, al mismo tiempo, alejarnos un poco. Esto último es, tal vez, lo que nos permite ayudar con eficacia sin cargarnos ni lastimarnos a nosotros mismos. Como suelo repetir: nadie puede dar lo que no tiene. Si quieres ser de ayuda a los demás cuando están en dificultades, primero debes ayudarte y cuidarte para no perder la tranquilidad y ser capaz de poner el foco en las mejores soluciones.

c. *Vivo con una ansiedad constante, pues me preocupa el futuro y al mismo tiempo me atemoriza. Eso me dificulta poder llevar una vida tranquila.*

Lo que necesitamos saber es que, cuando una persona vive con una ansiedad permanente, baña con esta emoción todas las otras actividades que realiza. Seguramente si es jueves, estarás pensando lo que harás el domingo; si estás comiendo el primer plato, estarás pensando en el postre. Ahora bien, hay una ansiedad normal que es la que nos lleva del punto A al punto B. Por ejemplo, si me levanto tarde, me bañaré y vestiré rápido y saldré corriendo para llegar a tiempo al trabajo. La ansiedad sana me lleva del punto A al punto B. Pero, si llego a mi trabajo y sigo corriendo, eso es ansiedad que podríamos denominar "patológica". La ansiedad es básicamente un circuito de pensamiento que se compone de dos engranajes.

Te comparto dos técnicas para quebrar el circuito de la ansiedad y lograr experimentar una tranquilidad nutritiva. Frente a una pregunta hipotética que te genere intranquilidad como: "¿Y si me enfermo?", "¿Y si me va mal?", "¿Y si no puedo formar pareja?", "¿Y si...?", grítale con firmeza a tu mente: "¡Basta!". A algunas personas les resulta útil preparar carteles con la palabra STOP y pegarlos en todas partes. De este modo podrás frenar y bloquear las preguntas hipotéticas. Puedes decirte a ti mismo: "Estoy empezando a pensar esto…" y bloquear así las preguntas hipotéticas. Y, por otra parte, no solo necesitamos bloquear las preguntas catastróficas, sino también sus respuestas. Observa las preguntas hipotéticas, pero no les des respuesta. Así, poco a poco, empezarán a disminuir en fuerza y en intensidad. Al no alimentarlos con respuestas catastróficas, los pensamientos se irán debilitando, la ansiedad disminuirá y la tranquilidad llegará.

Entonces, ¿por qué la tranquilidad es una emoción nutritiva?

Tranquilo es sinónimo de "inconmovible". La tranquilidad es una seguridad, una serenidad. Lo contrario a la tranquilidad es la ansiedad —la percepción constante de una posible amenaza— o la intranquilidad. Imaginemos a un astronauta en una cápsula espacial. ¿Cómo se siente? Está tranquilo pues confía en los instrumentos y en el entrenamiento que tuvo, razón por la cual puede tolerar las amenazas. La tranquilidad es nutritiva porque nos ayuda a sobrevivir y se alimenta del saber: "Sé lo que tengo que hacer". Siguiendo con el ejemplo anterior, el astronauta en la cápsula sabe qué hacer en diferentes circunstancias. Dicho conocimiento es el que le brinda tranquilidad y le permite administrar la amenaza de manera que esta no logre moverlo de su lugar de calma. Mientras la intranquilidad se contagia, la tranquilidad no siempre lo hace. Si bien existe una pseudotranquilidad ("tengo una pata de conejo", "cuento con mi gurú de turno"), la verdadera tranquilidad está basada en la seguridad interna, en el saber qué hacer en las distintas situaciones que nos toca atravesar.

Capítulo 10
La alegría nutritiva

¿Qué es la alegría?

La mayoría de nosotros, en épocas de adversidad, solemos creer que esa situación será eterna y las cosas nunca cambiarán. Este pensamiento lo único que logra es sumarles mayor sufrimiento emocional a nuestras vidas y alejarnos de posibles soluciones creativas. Por eso, cuando voluntariamente tomamos la decisión de creer que ni las crisis más duras ni las circunstancias más difíciles duran para siempre, cobramos fuerza para ponernos de pie y continuar caminando. Y, sobre todo, somos capaces de adoptar una actitud de alegría sobre la base de la esperanza en un mañana mejor.

Cuando nos sentimos felices, no necesitamos que nadie venga a motivarnos porque esta emoción que nos inunda es nuestro propio motor interior que nos conduce a la acción. Esto es lo que se conoce como "proactividad". Asimismo, la alegría es el sentimiento que se experimenta cuando tomamos distancia de las preocupaciones, el dolor, el estrés y el miedo, y somos conscientes de las maravillas de la vida (Anderson, 1996), manteniendo la paz, la confianza y la conexión, a pesar de los eventos adversos (Roberts y Cunninghan, 1990, citados en Connors *et al.*, 1999).[28]

Actualmente somos testigos de mucha gente que no puede comprometerse consigo misma ni con otros. Y alguien que le escapa al compromiso, en el fondo, ha perdido las ganas de vivir, la pasión, el anhelo, la alegría.

En los años treinta, en medio de la gran depresión económica en los Estados Unidos, un motivador llamado Norman Vincent Peale comenzó a hablar acerca del pensamiento tenaz. Las personas, en medio de las adversidades, deben desarrollar una fuerza interior que les permita siempre construir esperanza. No elegimos las batallas, pero sí cómo responder a ellas. Una actitud de esperanza y de optimismo inteligente siempre es un punto fuerte.

> *La alegría es la piedra filosofal que todo lo convierte en oro.*
> Benjamin Franklin

"La alegría aumenta la confianza dirigida a uno mismo y a los demás, haciendo que a nivel personal se experimenten sensaciones positivas, a la vez

---

28 Schmidt, C. M., "Construcción de un cuestionario de emociones positivas en población entrerriana". *Revista Iberoamericana de Diagnóstico y Evaluación Psicológica*, vol. 2, núm. 26, 2008, pp. 117-139.

que fomenta los vínculos sociales. Además, respecto al juicio, el estado de ánimo positivo aumenta la tendencia a realizar evaluaciones positivas, lo cual refuerza la vivencia de emociones positivas, produciéndose una retroalimentación".[29] En cambio, como explica Anderson (1996), una persona que manifiesta ausencia de alegría perderá la curiosidad y el interés por permanecer en contacto consigo misma y con el mundo. Como afirma, la alegría dirige la atención hacia las pequeñas y preciosas cosas que nos producen regocijo.[30]

Una emoción beneficiosa

Cuando nos comunicamos, siempre transmitimos un mensaje. Aun estando en silencio, expresamos que preferimos no hablar en ese momento. Todo lo que decimos posee la capacidad de construir o de destruir. Pero, no solo lo enviamos con palabras, también lo hacemos con el cuerpo. A veces, lo no verbal (lo que no decimos) es superior a lo verbal (lo que decimos).

Por ejemplo, si me encuentro con un amigo y demuestra una alegría sincera por verme, siento una gran satisfacción. El mensaje que me entrega es: "Eres valio-

---

29 Ibídem.
30 Ibídem.

so para mí". Uno siente que le provoca bienestar al otro, lo cual se suele retribuir con la misma emoción.

Claramente no se trata de un "¡qué lindo verte!" fingido, sino de una emoción nutritiva que nace del corazón. Al sonreír evidenciamos que estamos contentos y esto le transmite al otro la idea de que nos interesa su persona y somos iguales o pares, no somos superiores ni inferiores. Todos sabemos que la risa y la sonrisa nos hacen mucho bien y nos ayudan a curar heridas emocionales y a conectar con los demás.

> *Es más fácil obtener lo que se desea con una sonrisa que con la punta de la espada.*
> William Shakespeare

Seguramente, te sucede que, cuando estás feliz, procuras compartir con otros. Y a todos nos encanta una invitación de alguien que nos transmite alegría; una emoción que todo el mundo debería activar.

"La alegría se manifiesta a través del reír y sonreír, y se vive muy agradablemente, ya que es un estado en el que nos sentimos bien con nosotros y con el mundo", afirman Greenberg y Paivio.[31] Si, por ejemplo, cuando vemos a alguien nos alegramos sinceramente y sonreímos, generamos una conexión con el otro que lo nutre, a la vez que nos nutrimos a nosotros mismos. Es el gozo de estar con otra vida y disfrutar de ese momento que crea las mejores atmósferas y resulta altamente motivador.

---

31 Ibídem.

La alegría es un estado emocional nutritivo que puede activarse en cualquier momento y siempre surge de una actitud positiva frente a la vida. Por lo general, la gente pesimista está rodeada de temores, culpa o desesperanza. Uno puede observar que, a medida que pasan los años, a medida que avanza en su edad, mucha gente va aumentando sus emociones de alegría, ya que dejan de preocuparse por cosas que no son en verdad importantes. Ya no interesa tanto la opinión de

> La alegría se encuentra en el fondo de todas las cosas, pero a cada uno le corresponde extraerla.
> **Marco Aurelio**

los demás, ni tal o cual objeto material, sino que hay un nuevo sentido en las cosas trascendentes para cada uno.

¿Qué ocurre cuando estamos alegres? Se despierta nuestro niño, nuestra niña, interior. Dicho estado nos remite a la infancia cuando la alegría era la emoción predominante. Y está comprobado que un adulto alegre responde mejor a todas las situaciones que se le presentan, sean propias o ajenas. Por ejemplo, si alguien le comenta: "Conseguí trabajo después de un año", su respuesta será: "¡Qué bien! ¡Felicitaciones!". Otra característica que podemos mencionar es que una persona alegre es más creativa que el resto. Casi siempre le va mejor y llega más lejos en la vida. Por eso, sin duda, la alegría nos permite vincularnos de forma saludable y nutritiva con los demás.

¿Alegría en mi vida?

¿Es posible estar alegre cuando uno atraviesa una crisis? Es precisamente cuando más tenemos que desarrollar dicha emoción en el día a día. La razón para ello es que, estando alegres, nos motivamos a nosotros mismos y podemos llegar muy lejos. Pero tengamos en cuenta que es uno mismo el que toma la decisión de que haya alegría en su vida, sin importar cuáles sean las circunstancias predominantes en ese momento. Algunos ponen como excusa, frente a su propio malestar y ausencia de alegría, que otro los molestó o hirió. La verdad es que cada persona es libre de elegir su estado emocional. A esto se lo denomina "libre albedrío". Yo, y nadie más que yo, controlo mi mundo emocional y, como resultado, puede decidir estar alegre o no.

Te invito a considerar algunas ideas prácticas para activar esta emoción diariamente en nuestra vida:

Tener pensamientos grandes por medio de la imaginación

Cuando uno sueña en grande, se mantiene en un estado de alegría constante. Nunca dejes de soñar, y de hacerlo en grande, aunque tu vida hoy no te presente el mejor de los escenarios.

Ser agradecidos siempre

No hay un solo ser humano que no sea capaz de encontrar, al menos, un motivo en su vida para dar las gracias. En realidad, ¡podemos encontrar más de uno! Estar vivos cada nueva mañana, aun en medio de circunstancias adversas, es una razón más que suficiente para estar agradecidos.

Tener una "doble mirada"

Tal actitud consiste en visualizar eso con lo que contamos en nuestro momento presente (ya sea concreto o abstracto) multiplicado. Si te atreves a probarlo, te aseguro que el resultado no te defraudará. Más allá de cómo te encuentres hoy, te animo a observarte con los ojos de tu mente habiendo alcanzado la mejor versión de ti mismo, de ti misma. Un gran reto, ¿verdad?

Abrazar la creencia de que todo es posible

Eliminemos la palabra imposible de nuestro vocabulario. Cuando te escuches a ti mismo, a ti misma, expresar lo siguiente: "No es posible", recuérdate que, para aquel que cree, *todo* es posible. Lo que hoy tiene existencia, en algún momento, surgió en la mente de una persona que fue lo suficientemente atrevida como para creer que era capaz de crearlo. Dicha actitud hizo que esa idea se plasmara en la realidad.

Procurar extender mis estacas cada día

¿Qué significa esta imagen? Desarrollar a diario un poco más de confianza. Aquel que extiende sus estacas puede ver más allá que el resto de la gente porque es alguien valiente y decidido. Tú y yo poseemos el potencial de creer y accionar más allá de nuestra propia fortaleza.

> *La alegría de ver y entender es el más perfecto don de la naturaleza.*
> **Albert Einstein**

"¿Yo puedo estar alegre en mi situación actual?", tal vez te preguntes. La respuesta es un sí rotundo. Solo tienes que decidir adoptar una actitud de aceptar tus circunstancias y aprender la lección que ellas te traen. Incluso en medio de la peor crisis, siempre es posible crecer y evolucionar para convertirnos en mejores seres humanos.

Nunca dejes de perseverar. Esa vivencia que hoy te parece eterna, y te roba las ganas de estar alegre, mañana será algo por lo que estarás agradecido, agradecida, pues te fortalecerá a tal punto que ya nada podrá dañarte emocionalmente.

A menudo, con los años, algunos expresan: "Yo solía ser alguien divertido y lleno de alegría, pero la vida me fue volviendo una persona amargada". Recuerda esto: no vamos perdiendo la alegría en el camino por las circunstancias duras que atravesamos;

La sonrisa es el idioma universal de los hombres inteligentes.
Víctor Ruiz Iriarte

dejamos de alegrarnos cuando dejamos de creer en nosotros mismos y nos transformamos en personas inseguras.

Todos los seres humanos anhelamos tener esta emoción nutritiva, y no solo tenerla, sino experimentarla: la alegría. "El placer y el bienestar —dice Henri Bergson— son algo, pero la alegría es algo más; esta no está contenida en ellos, mientras ellos se encuentran virtualmente contenidos en esta. Mientras el placer y el bienestar son una parada, un entrenamiento en el camino, la alegría es una marcha hacia adelante.[32]

Algunas preguntas...

a. *¿Cómo hacer para quitarnos la tristeza que nos contagiamos al escuchar noticias desesperanzadoras todo el tiempo?*

Todos los días el mundo que nos rodea nos asegura que "esto no funciona", "de esta no vamos a salir", "en

---

32 Bergson, H. *Las dos fuentes de la moral y de la religión.* Buenos Aires.

este país no se puede proyectar nada". Entonces, ¿qué hacemos con esos mensajes que nos invaden constantemente? En primer lugar, necesitamos entender que el verdadero mensaje que nos dan es: "No tienes derecho a ser feliz". Y, en segundo lugar, que dicho mensaje es de permanente caos: "¿Cómo vas a estar alegre si el planeta entero está emergiendo de una pandemia?". Debemos cercar la emoción. Es decir, procurar las experiencias que activan la alegría: una charla, un pasatiempo, una película, una caminata, etc. Desde lo más pequeño hasta lo más grande. Levantar un cerco significa tener espacios nutritivos donde podamos contactar con la alegría. Como mencioné, la alegría no se encuentra, sino que se construye por medio de aquellas actividades que nos generan bienestar.

b. *Hay momentos en los que me siento mal y no logro salir de ese círculo vicioso.*

Una pregunta apropiada es: ¿Qué hago cuando estoy bien? Es decir, ¿qué acciones llevo a cabo cuando todo marcha bien en mi vida? Todos, sin darnos cuenta, solemos hacer ciertas cosas para estar mal; y también otras para estar bien. Si lo hacemos conscientemente, lograremos reconocer cómo actuamos cuando no hay ningún problema presente. Y, dichas actitudes, muy probablemente, sean las pequeñas llaves que nos ayudarán cuando las dificultades aparezcan. Si te encuentras justo en medio de una dificultad que no pudiste resolver hasta ahora, te invito a dejar de hacer más de lo mismo y, a partir de este momento, llevar a cabo algo completamente distinto. El resultado te sorprenderá.

c. *Por lo general suelo cargarme con los problemas de todos y, sin darme cuenta, voy perdiendo la felicidad con la que empiezo el día.*

Muchas veces solemos representar el rol de héroes: "yo puedo con todo", "yo soy un superhéroe o una superheroína". Somos como Atlas que, según la mitología griega, fue condenado a cargar sobre sus hombros la bóveda celestial. Muchas personas se sienten obligadas a cargar, a resolver, a ayudar a todo el que se les cruza en el camino. Y uno de los roles que asumen es precisamente el de superhéroe. Entonces, debido a su sentido de omnipotencia, deciden mostrar que en verdad lo son. Creen que son ellos quienes deben salvar a cada uno que está en necesidad. Por eso, para recuperar la alegría, es necesario poner límites y reconocer cuál es mi frontera: esto puedo y esto no, esto me corresponde y esto no. Esta actitud nos ayuda a romper con este síndrome con el que enfrentamos cada mañana y a dejar de cargar con problemas que nos terminan lastimando y enfermando. Solo así es posible recuperar la alegría y transitar todo el día con entusiasmo y fuerza, a pesar de las circunstancias difíciles que nos toque atravesar.

Entonces, ¿por qué la alegría es una emoción nutritiva?

Quien posee una disposición alegre en su vida atrae conexiones y oportunidades de oro en el momento menos esperado. Sabemos que cuando estamos bajo estrés tenemos "visión de túnel" (apenas podemos detectar nuestro campo visual); mientras que cuando estamos relajados, disfrutamos de una percepción amplificada, la cual nos permite ver, detectar y encontrar personas, momentos, bendiciones que bajo estrés y agotamiento no podríamos ver. El psicólogo norteamericano Richard Lazarus define a la alegría como "una intensa emoción positiva desencadenada por situaciones de vida satisfactorias y por progresos significativos en dirección a las metas personales. Se refiere a un estado general de contentamiento, diversión y regocijo, cuya máxima expresión es la risa".[33]

---

33 Oros, L. B. *Nuevo cuestionario de emociones positivas para niños.* Anales de psicología, 2014, vol. 30, n° 2 (mayo), 522-529.

CAPÍTULO 11
El estado "flow" nutritivo

Todos podemos fluir

El estado *flow* o el estado del fluir es la sensación de ser absorbido por la actividad que estamos realizando. Este concepto fue creado e investigado por el doctor Mihály Csíkszentmihályi, de la Universidad de Chicago en Estados Unidos, y se define como "el estado de experiencia óptima que las personas expresan cuando están intensamente implicadas en lo que están haciendo y que les resulta divertido hacer" (Mesurado, 2009, p. 123).[34] Cuando observamos algo se produce una dualidad: sujeto y objeto. Por ejemplo, mientras escucho una pieza musical, comento: "Aquí va más rápido"; y luego escucho un allegretto, un adagio. O cuando ob-

34 Wímb lu, *Rev. electrónica de estudiantes* Esc. de Psicología, Univ. de Costa Rica. 5(1): 65-83, 2010. "El papel de las emociones positivas en el desarrollo de la Psicología Positiva", Harlen Yadira Alpízar Rojas y Deilin Elena Salas Marín.

servo un paisaje y, mientras lo hago, analizo lo que estoy viendo. Al producirse el estado flow, no existe la dualidad, pues soy absorbido y me convierto en uno con el objeto. Es decir, que el observador y lo observado se fusionan. La experiencia vivenciada en esos momentos es de inmensidad, de alegría. No me doy cuenta de la actividad que estoy realizando porque, mientras lo estoy haciendo, también lo estoy disfrutando. Actividades como practicar la jardinería, mirar una película, hablar con un amigo, leer un libro, jugar al ajedrez, y cualquier otra actividad que nos produzca un enorme placer y nos permita fusionarnos con ella y disfrutarla, nos generarán esta emoción nutritiva.

En el estado flow se da una pérdida témporo-espacial: no sé dónde estoy ni el tiempo que ha transcurrido. ¿Te sucedió estar hablando con un amigo, o con tu pareja, mirar el reloj y recién ahí percibir el tiempo que había transcurrido? "¡Pasaron cuatro horas!", pensaste y allí saliste del estado flow para descubrir la alegría, el placer y la inmensidad que te produjo la experiencia. Es por esto que las personas debemos construir un estado flow a través de experiencias, lugares, hábitos... Algunos ejemplos: pon música y déjate llevar y absorber por ella, sé uno con ella; observa una foto o un paisaje y piérdete en ello. Dichas experiencias producen una alegría, un ensanchamiento interior y una recarga de energía (dopamina, serotonina, oxitocina) muy grandes. Csíkszentmihályi, en su obra *Flow: The Psychology of optimal Experience*, establece que el mismo "estado espiritual extraordinario" que experimentan los artistas cuando crean su obra puede encontrarse en otras personas que trabajan en actividades comunes.[35]

El placer se activa por la capacidad de experimentar un "flow". Este no es otra cosa que una actividad donde sentimos que el tiempo y el lugar desaparecieron. Puede tratarse de un desafío, de la lectura de un libro, de una charla con amigos o de un concierto. Si la actividad es aburrida, no se generará el estado flow y, si es demasiado tensionante o desafiante, tampoco.

Hoy se sabe que la gente feliz compra más experiencias que objetos. Aproximadamente a los tres meses de haber comprado un objeto, regresamos a nuestro estado emocional original; mientras que una experiencia es un recuerdo que podemos revivir a lo largo de toda la vida. Los momentos flow deben ser aumentados y establecidos día a día preguntándonos: ¿Qué quiero ahora?, ¿Qué me gustaría?, y pueden ser desde experiencias muy cortas hasta otras de mayor duración.

Una persona feliz no necesita experiencias de alta intensidad emocional, sino una alta frecuencia de experiencias. Alguien puede vivir un hecho doloroso en su

---

35 "Motivación, satisfacción laboral y estado de flow en los trabajadores de la salud". *Revista Venezolana de Gerencia*, vol. 24, núm. 87, pp. 843-859, 2019. Universidad del Zulia, Venezuela.

vida y crecer a partir de ellos; pero distinto es aquel que experimenta una multiplicidad de microfrustraciones de baja intensidad que, al acumularse, le provocan un gran malestar. Las emociones nutritivas deben buscarse en la variabilidad de las experiencias.

¿Se puede experimentar esta emoción en el trabajo?

El flujo tiene mucho que ver con el *placer*. Para Manu Romero, fundador de la *startup* Departamento de Felicidad, un trabajador que fluye es un trabajador feliz, con el impacto que para cualquier organización supone contar con un profesional así en sus filas. "Diversos estudios y experiencias profesionales confirman que un empleado feliz es más productivo, comprometido, creativo e innovador, lo que da lugar a mejores resultados de negocios, mayores ventas y mejores calificaciones de los clientes", asegura.[36]

> *Elige un trabajo que te guste y no tendrás que trabajar ni un día de tu vida.*
> **Confucio**

36 https://www.prevencionintegral.com/ca/actualidad/noticias/2020/08/31/buenos-trabajadores-tienen-flow-estado-flujo-dispara-niveles-productividad.

Si fluyo, me permito ser feliz

La felicidad es, en realidad, un estado interior que permanece en el tiempo. Estas son tres actitudes que pueden ayudarnos a tomar la decisión de ser felices:

- *Crearme emociones buenas.* Esto se logra recordando experiencias agradables del pasado. Y, sobre todo, adoptando una actitud de agradecimiento por todo lo bueno que la vida nos da.
- *Hacer lo que amo.* Esto nos permite "fluir", pues nos hace olvidar del tiempo y el espacio. ¿Qué actividades te hacen fluir?
- *Tener un propósito por el cual estar vivo.* Este es el nivel de felicidad más elevado. Uno es de verdad feliz cuando sabe para qué está en este mundo, pues comienza a vivir con un propósito definido que lo mantiene perseverante, incluso en épocas de crisis.

> **Felicidad es la vida dedicada a ocupaciones para las cuales cada hombre tiene singular vocación.**
> **José Ortega y Gasset**

Si, como todo el mundo, procuras la felicidad en tu vida, no te demores más y toma la decisión de ser feliz hoy mismo.

El fluir en la práctica

Algunos creen que la vida es como una suma de experiencias. La psicología positiva nos enseña que esto no es algo tan lineal.

De joven quise ser ajedrecista y quienes me entrenaron me enseñaron que lo importante es siempre pensar bien la jugada y estar bien enfocado en armar estrategias en el tablero. Los estados flow se logran no por pensar en el resultado o en el fin, sino en el próximo paso que daremos. Imaginemos a un escalador subiendo una montaña: está enfocado en el próximo paso que debe dar y no en la cima.

Cuando asesoraba como psicólogo a un equipo de fútbol, siempre les repetía a los jugadores: "Lo importante no es ganar, sino dar lo mejor. Enfóquense en la mejora del paso a paso. Esto hace que la atención no se vaya hacia el fin, sino que puedan enfocarse en el 'camino', en contactar, disfrutar y mejorar cada paso".

¿Cuándo se logra un estado flow?

a. *Cuando el mundo externo desaparece y lo único que existe es la tarea que realizo*

Imaginemos a un músico concentrado en su piano: se abstrae de las personas que lo observan y de los ruidos del ambiente, todo ha desaparecido externamente.

Todo su cuerpo y su mente se han fusionado con la experiencia. Esto se denomina "experiencia cumbre" o "experiencia óptima". No hay esfuerzo en la tarea que realiza, dado que hay un fluir que lo arrastra a disfrutarla.

b. Cuando la mejora continua es parte de nuestra vida

Muchas personas han buscado la retroalimentación de otros que llevan a cabo la misma tarea. Y estos consejos que les dan las conducen a un aumento del estado flow en su propia labor. Imaginemos a un músico que es enseñado por su profesor. Este le brinda los "secretos", las "claves" para fluir todavía mejor. A medida que practica, su estado flow va en aumento; de lo contrario, cada error, cada dificultad, lo sacaría de dicho estado. Por eso, los momentos del fluir pueden y deben aumentar. Aquí la retroalimentación y el aprendizaje continuo lo ayudan a mejorar.

c. Cuando construimos rituales de estado flow

Es importante crear hábitos de aquellas experiencias que nos llevan a fluir: una salida en familia, una conversación interesante, un pasatiempo. Estos estados flow pueden realizarse en grupo, lo cual genera una experiencia social, además de personal, y esto permite luego compartir con alguien que también ha tenido la misma experiencia, lo cual enriquece lo vivido por nosotros.

d. Cuando nos permitimos incursionar en nuevas situaciones

Todos realizamos ciertas actividades que sabemos que nos generarán un estado flow. Las compartimos, las hablamos, pero también debemos permitirnos probar nuevas experiencias. Cuántas personas comenzaron un curso como pasatiempo para luego descubrir que eso era una pasión. Por eso, no nos quedemos con los flow que ya conocemos y vivimos, permitámonos también descubrir nuevas actividades que irán enriqueciendo nuestra vida.

e. Cuando somos capaces de recordar hechos que nos hicieron felices

Muchas de estas experiencias suelen quedar impresas en la historia o memoria de nuestra vida, lo cual hace que las volvamos a experimentar cada vez que las relatamos. No necesariamente un estado flow es un ritual habitual, puede ser también un momento circunstancial que quedó impreso en nuestra memoria como un enorme recuerdo generador de nutrición para nuestra alma y nuestro espíritu.

Actividades como pintar, caminar, jugar, etc., son gratificaciones a lo largo de toda la experiencia y, lo que para uno es un estado flow, para otro no necesariamente lo sea.

> *Una vida feliz es una creación individual que no puede ser copiada de una receta.*
> **Mihály Csíkszentmihályi**

Esta actitud placentera es por la tarea en sí y no por quien la realiza. En el estado flow hay una fusión entre quien hace la tarea y la tarea misma. Esta unión permite ese flujo. Entonces, si tengo más experiencias de placer que de dolor, el saldo será que soy feliz. Hoy sabemos que esto no es tan lineal. La plenitud tiene que ver primero con los vínculos y luego los proyectos personales, y no solamente con una mayor cantidad de experiencias personales positivas. Somos un todo y las emociones nutritivas entran dentro de los vínculos y los proyectos.

"Sin embargo, en las investigaciones más recientes se planteó que el bienestar no es un mero resultado de otras variables psicológicas, sino que es un importante predictor de la salud física, de la longevidad, de las relaciones interpersonales y del funcionamiento psicológico óptimo de las personas (Diener y Biswas-Diener, 2008a). Si bien mucho se ha avanzado, especialmente en la medición del bienestar, se nota la ausencia de teorías

> *La gente feliz planifica acciones, no los resultados del plan.*
> **Dennis Waitley**

psicológicas comprehensivas que puedan explicar por qué las personas se sienten felices".[37]

Las emociones nutritivas mejoran nuestros vínculos, nuestra salud física, nuestra capacidad cognitiva, etc. Aportan soluciones creativas y mejoran nuestras relaciones sociales. Sabemos que, a lo largo de la vida, experimentamos muchos tipos de emociones, pero el estar sometido a emociones negativas durante un largo tiempo produce un deterioro del bienestar y la calidad de vida. Por ejemplo, alguien que permanentemente vive con miedo y la necesidad de escapar frente a un peligro; o alguien que vive con enojo constante y el deseo de atacar; o alguien con tristeza que tiene la sensación permanente de que hay pérdidas irrecuperables. Muchas de las emociones nutritivas (como los estados flow) no tienen un objetivo de supervivencia, como sí lo tienen el enojo, el miedo, etc., sino de encontrarle un verdadero sentido de felicidad y plenitud a la vida.

Las emociones nutritivas son amplificadores de nuestra capacidad de pensar y de accionar. ¿Recuerdas cuando estuviste muy contento: tuviste la necesidad de hacer algo creativo o sentiste amor? Estas también nos preparan para las adversidades y son

---

37 Solano, C. A. (2009). "El bienestar psicológico: cuatro décadas de progreso". *Revista Interuniversitaria de Formación del Profesorado*, vol. 23, núm. 3, diciembre, pp. 43-72. Universidad de Zaragoza, España.

una fuente de apoyo social para el futuro, además de permitirnos desarrollar habilidades mentales y cognitivas.

Algunas preguntas...

a. No tengo bien en claro qué son los estados del fluir, pero sé que son buenos. ¿Qué puedo hacer para generarlos y sentirme mejor?

Los "estados *flow*" o "estados del fluir" son las actividades que nos apasionan tanto que nos olvidamos del tiempo y del espacio. Ejemplos: cocinar, hacer jardinería, mirar una película, tomar mate con alguien querido, rezar y cualquier otra actividad que nos brinda placer a tal punto que se nos pasan las horas y no nos damos cuenta. Es una pérdida témporo-espacial que nos hace decir: "Ni cuenta me di de que estaba disfrutando tanto". Eso se llama estado del fluir. La gente feliz genera dichos espacios mediante un pasatiempo, pintar, actuar, cantar, caminar, jugar al fútbol, etc. Cada uno elegirá algo distinto, pero necesitamos tener siempre estados *flow*.

b. He tenido momentos de experiencias flow con mis pasatiempos, pero muchas veces me distraigo por cualquier situación. ¿Cómo puedo mejorar mi atención?

Solemos escuchar a menudo a las personas preguntarse: "Pero ¿dónde tengo la cabeza?". Esto sucede porque en sus ocupaciones diarias se distraen con mucha facilidad. La atención posee un tiempo de duración y se cancela, por lo general, luego de doce a quince minutos. Si bien la misma puede persistir cuando está enfocada en un objetivo, luego de ese lapso necesitamos hacer algo nuevo para reenfocarnos. Pero también puede sucedernos que el estrés y el aburrimiento nos agobien y no nos dejen vivenciar estados flow. En ocasiones, el agotamiento y las muchas presiones que enfrentamos a diario hacen que nuestra cabeza "se dispare" y tratemos de abarcar más de un tema a la vez. Actualmente vivimos la vida a tal velocidad, y cambiamos de una actividad a la otra en cuestión de segundos, que creemos estar haciendo varias cosas a la vez, cuando solo estamos cambiando de foco rápidamente. Muchas parejas viven discutiendo porque creen que tienen diferencias; lo que ocurre en realidad es que están hablando de lo mismo, pero su capacidad de atender y comprender lo que el otro está diciendo es deficiente. ¿Qué podemos hacer entonces para enfocarnos en esos momentos que nos generan placer y nos traen felicidad?

• Todos somos capaces de entrenar nuestra atención y dirigirla hacia donde deseamos. Una técnica que le resulta útil a mucha gente consiste en que, mientras estoy haciendo algo y se me cruzan pensamientos por la mente, los ignoro y los dejo pasar como si fueran nubes en el cielo. Cuando un estímulo se vuelve demasiado largo, siempre va a aparecer el aburrimiento, por lo que es recomendable, cada doce a quince minutos, hacer un pequeño alto para retomar luego nuestra tarea. Todo esto nos puede ayudar a mantenernos más enfocados y distraernos menos.

- Si estamos realizando alguna tarea y se nos cruzan pensamientos por la mente, podemos escribirlos ("tengo que ir a la farmacia", "tengo que llamar a tal persona", etc.) y, a continuación, seguir con la tarea; eso disminuirá los altos niveles de la ansiedad. Y algo muy importante: dividir nuestra atención por temas, en lugar de intentar hacer muchas cosas a la vez. Se descubrió que, si uno empieza algo, lo termina y continúa con otra cosa, ahorra casi el 60 % de su tiempo, a la vez que se permite disfrutar mucho más de lo que está llevando a cabo.

c. *Siento que hago miles de cosas al mismo tiempo, pero no puedo disfrutar de nada de todo lo que hago durante el día.*

No existe tal cosa como ser "multitasking". Algunos dicen: "Yo hago miles de cosas a la vez", pero lo cierto es que nadie es capaz de ocuparse de muchas cosas al mismo tiempo. La atención plena nos permite, precisamente, ir de a una por vez y disfrutar mucho más de cada una. Es bien sabido que la atención mejora nuestro rendimiento laboral. Cuando hay un bajo nivel atencional en el trabajo, si nos piden hacer A, B y C, muchas veces, terminamos haciendo J, K y L por no prestar atención. Podríamos considerar la atención plena como un regalo. Cuando le decimos a alguien: "Préstame atención", le estamos pidiendo: "Por favor, regálame tu atención". ¿Cómo nos sentimos la mayoría de nosotros cuando estamos hablando y el otro está mirando el celular o pensando en otra cosa? Rechazados. La atención es terapéutica, sanadora, pues consiste en darle a la otra parte nuestra presencia y expresar con nuestra actitud: "Tú eres importante para mí"; esto hará que podamos vivir ese momento a pleno, sin ansiedad y nutritivamente. Entonces, a mayor interés, mayor atención y mayor estado flow; y a menor interés, mayor distracción y menos experiencias flow.

Entonces, ¿por qué el estado flow es una emoción nutritiva?

El estado flow es una emoción nutritiva porque nos permite encontrarnos con la plenitud, con la alegría, con el sentido, con aquello que nos llena de dopamina, oxitocina y serotonina. Estos últimos son los químicos que nos proveen fuerzas internas y pasión justamente para enfrentar los momentos de crisis que la vida nos presenta en el día a día. Es fundamental tener sueños que nos trasciendan. Se descubrió que las personas que tenían un proyecto más grande, más trascendente, que sí mismas eran más felices constantemente; es decir, que mantenían una alegría más perdurable. El escritor John Maxwell afirma: "Un souvenir es el recuerdo de un evento, un premio es el recuerdo de una competencia, pero un legado es algo que perdura en las generaciones". Aquel que pretende dejar una huella hace algo más grande que su propia existencia. Esa persona tiene un propósito y espera algo y, como hemos mencionado más de una vez, cuando uno tiene un sueño, se vuelve indestructible.

Bibliografía

Libros y publicaciones

Ahmed, Sara. Revista *Nueva Sociedad* N° 283/ septiembre-octubre de 2019.

Balegno, L., Boët, S., Born, M., Colmenares, M.E., Cyrulnik, B. Delforge, B., Vergely, B. (2004). *El realismo de la esperanza*, Barcelona, Gedisa.

Bauman, Z. (2012). *El arte de la vida. De la vida como obra de arte*, Barcelona, Paidós.

Bergson, H. (1946). *Las dos fuentes de la moral y de la religión*, Buenos Aires.

Bisquerra, Rafael (2015). *Universo de Emociones*, Editorial Palaugea.

Ceberio, Marcelo (2018). *Los juegos del mal amor: El amor: la comunicación y las interacciones que destruyen parejas*, Penguin Random House Grupo Editorial.

Ceberio, Marcelo (2006). *La buena comunicación: Las posibilidades de la interacción humana*, Paidós.

Ceberio, Marcelo (2018). *El genograma: Un viaje por las interacciones y juegos familiares*, Ediciones Morata.

Ceberio, Marcelo (2019). *Qué digo cuando digo: De los malentendidos a la buena comunicación*, Penguin Random House Grupo Editorial.

Csíkszentmihályi, Mihály (2021). *Fluir (Flow). Una psicología de la felicidad*, Debolsillo.

Csíkszentmihályi, Mihály (1998). *Creatividad. El fluir y la psicología del descubrimiento y la invención*, Paidós.

Csíkszentmihályi, Mihály (1991). *Aprender a Fluir*, Kairós.

Covey, S.; Link, G. (2013). *Confianza Inteligente: La creación de prosperidad, energía y alegría en un mundo de baja confianza*, Paidós.

Cyrulnik, B. (2004). *El realismo de la esperanza*. Barcelona, Gedisa.

Chapman, Gary (2011). *Los cinco lenguajes del amor*, Unilit.

Diener, Ed; Biswas. R. Diener (2008). *Happiness. Unlocking the Mysteries of Psychological Wealth*, Amazon. com.

Fredrickson, Barbara L. (2015). *Amor 2.0*, Editorial Océano.

Greenberg, L.; Paivio S. (1999). *Trabajar con las emociones en psicoterapia*, Paidós.

Kusnetzoff, Juan C. (2008). *Estrés y sexualidad*, Ediciones Granica.

Kusnetzoff, Juan C. (2013). *Gente sexualmente feliz*, Planeta.
La Biblia.

Locke, J. (1999). *Ensayo sobre el entendimiento humano*, FCE, Ciudad de México.

Lozano Flórez, J.A. Artículo especial: *Optimismo y salud*, Departamento de Medicina, Universidad de Oviedo, Asturias.

"Motivación, satisfacción laboral y estado de flow en los trabajadores de la salud". *Revista Venezolana de Gerencia*, vol. 24, núm. 87, pp. 843-859, 2019. Universidad del Zulia.

Oros, L. B. (2014). "Nuevo cuestionario de emociones positivas para niños". *Anales de psicología*, vol. 30, nº 2 (mayo), 522-529.

Rojas, Mariano (2014). *El estudio científico de la felicidad*, Fondo de Cultura Económica.

Seligman, Martín. E. P. (2011). *La auténtica felicidad*, Ediciones B.

Seligman, Martín. E. P. (2011). *Aprenda optimismo*, Debolsillo.

Seligman, Martín. E. P. (2018). *El circuito de la esperanza*, Penguin. Random House.

Stamateas, B. (2018). *Heridas emocionales*, Penguin Random House.

Stamateas, B. (2011). *Autoboicot*, Planeta.

Wiseman, R. (2003). *Nadie nace con suerte*, Ediciones Martínez Roca.

Schmidt, C. M. (2008). Construcción de un cuestionario de emociones positivas en población entrerriana.

Revista Iberoamericana de Diagnóstico y Evaluación - e Avaliação Psicológica, vol. 2, núm. 26, pp. 117-139.

Solano, C. A. (2009). "El bienestar psicológico: cuatro décadas de progreso". *Revista Interuniversitaria de Formación del Profesorado*, vol. 23, núm. 3, diciembre, pp. 43-72 Universidad de Zaragoza, Zaragoza.

Citas electrónicas

Fuentes, J. L. (2021). El asombro: una emoción para el acceso a la sabiduría | *Awe: An emotion for accessing wisdom. Revista Española de Pedagogía*, 79 (278), 77-93.
https://doi.org/10.22550/REP79-1-2021-08
https://revistadepedagogia.org/ ISSN: 0034-9461 (Impreso), 2174-0909 (Online)
https://www.prevencionintegral.com/ca/actualidad/noticias/2020/08/31/buenos-trabajadores-tienen-flow-estado-flujo-dispara-niveles-productividad.

Rojas Y. Harlen y Marín E. Deilin. (2010). *El papel de las emociones positivas en el desarrollo de la Psicología Positiva*. Wímb lu, Rev. electrónica de estudiantes Esc. de psicología, Univ. de Costa Rica. 5(1): 65-83, 2010.
https://lamenteesmaravillosa.com/asombro-emocion
http://www.scielo.edu.uy/scielo.php?script=sci_arttext&pid=S1688-42212010000100005

Artículo: Diversitas v.2 n.2 Bogotá dez. 2006: http://pepsic.bvsalud.org/scielo.php?script=sci_arttext&pid=S1794-99982006000200011

http://www.scielo.org.co/scielo.php?script=sci_arttext&pid=S1794-99982006000200011#:~:text=Sobre%20el%20pasado%2C%20las%20emociones,Seligman%20%26%20Csikszentmihalyi%2C%202000).

https://haikita.blogspot.com/2011/01/los-filosofos-clasicos-y-el-amor.html

https://www.google.com/search?sxsrf=ALiCzsb_hQpBnnWtOzDaqqIbJ3YzmYwAlA:1651608816879&q=Fil%C3%B3sofos+que+hablen+del+amor&sa=X&ved=2ahUKEwiL5NmmksT3AhXJFrkGHatqAyIQ1QJ6BAg5EAE&biw=2133&bih=977&dpr=0.9

https://www.aulafacil.com/cursos/psicologia/inteligencia-emocional-ii-las-emociones/el-amor-l34975.

http://www.monografias.com/trabajos82/valor-confianza/valor-confianza.shtml#ixzz3aaydUzTX

Emociones nutritivas de Bernardo Stamateas
se terminó de imprimir en junio de 2023
en los talleres de
Impresora Tauro, S.A. de C.V.
Av. Año de Juárez 343, col. Granjas San Antonio,
Ciudad de México